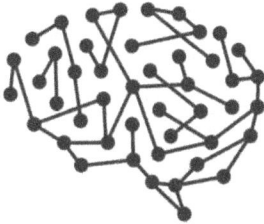

KISP

Prof. Kunow + Partner

Annette Kunow

Mit Zeitmanagement

zur

Motivation, Produktivität & Struktur

Work Life Balance mit Zeitmanagement und Stress-Reduzierung

Teil 1 Motivation

COPYRIGHT © 2023

NAME: Annette Kunow

ADRESSE: Baumhofstr. 39 d, 44799 Bochum

Web: www.kisp.de

E-Mail: info@kisp.de

Tel: 02349730006

Illustration: Annette Kunow

VORWORT

Aus meinen Blogartikeln, die ich nun seit 2015 mehr oder weniger regelmäßig zum Thema Produktivität und Selbstführung schreibe, entstand dieses Buch.

Um den (Berufs-) Alltag erfolgreich zu machen, müssen Projekte nicht nur erfolgreich zum Ziel geführt werden, sondern die Zeiteinteilung muss sorgfältig geplant werden.

Neben der Führung der Mitarbeiter ist ein weiterer Faktor die Selbstführung der eigenen Person.

Das Zusammenspiel dieser Themen wird ausführlich beschrieben. Anhand von aktuellen Beispielen aus der Praxis werden dem Leser praktische Anleitungen gegeben, um den (Berufs-) Alltag erfolgreich zu steuern.

Praktische Übungen vermitteln und vertiefen das Gelernte.

Natürlich gibt es eine Diskrepanz zwischen Theorie und Praxis.

Es ist klar, dass Vorgänge in der Praxis nicht alle exakt umsetzbar sind, auch weil die meisten Leser häufig fremdbestimmt sind.

Trotzdem ist es außerordentlich wichtig, dass sich jeder Mensch über diese Zusammenhänge bewusst ist, um sein Leben erfolgreich zu steuern.

Durch Checklisten und Leerformulare werden Anregungen gegeben, sich für den eigenen (Berufs-) Alltag entsprechende Unterlagen zu erstellen.

Bochum, im Frühjahr 2019

Prof. Dr.-Ing. Annette Kunow

Hier können Sie eine kostenlose Strategie-Session buchen oder schreiben Sie mir, wenn Ihnen dieses Buch gefällt und Sie Anregungen oder Fragen haben.

Hier kommen Sie zu den kostenlosen Bonusmaterial zum Buch.

Hier finden meinen Blog „Selbstführung & Produktivität". Sie helfen Ihnen, bessere Ergebnisse zu erzielen.

Inhaltsverzeichnis

1 ZIEL DIESES BUCHES

Der erste Schritt ist
die Hälfte des Weges.

Immer wollte ich schon meine Blogartikel zusammenfassen.

Jetzt ergab sich diese Möglichkeit.

Ja, auch bei mir muss es eine Initialzündung geben, um ein Projekt zu starten.

Eigentlich hätte ich lieber geschrieben: Ziel dieses Projektes statt Ziel dieses Buches: Denn es sind ja alles Projekte.

Sie wissen ja, ich bin dem Projektmanagement sehr zugetan ☺

Ja, ein Buch ist eben auch ein Projekt und Zeitmanagement hat auch viel mit Projektmanagement zu tun. Oder umgekehrt.

Und wie es bei mir immer so ist, sind die Blogartikel zum Thema „Mit Zeitmanagement zur Motivation, Produktivität & Struktur -Work Life Balance mit Zeitmanagement und Stress-Reduzierung„ doch so viel geworden, dass ich gleich 3 Teile projektiert habe:

- Teil 1 Motivation

- Teil 2 Produktivität

- Teil 3 Struktur

Hier also Teil 1 Motivation.

2 Definition: Zweck - Ziel - Mission (Das Warum)

2.1 Raus aus dem Frust – Rein in die Motivation!

Ja, es passiert mir auch immer wieder, dass ich mich maßlos überfordere.

Ja, wie das?

Ich kenne keine Grenzen! Ich habe oft anfangs zu viel Motivation.

Und, wenn ich dann eine Idee habe oder von außen bekomme, dann muss es gleich alles und groß und mehr sein. Ich bin dann über-motiviert.

Und damit stelle ich mir dann selbst die Falle!

„Mein erster Online-Kurs"

So auch im Online-Kurs „Mein erster Online-Kurs".
Obwohl Marit Alke uns deutlich und immer wieder
warnte, nicht zu groß anzufangen, um zum Ende des
Kurses nach 12 Wochen ein kleines Erfolgserlebnis
zu haben, musste es bei mir gleich ein sehr großer
Kurs von 12 Wochen sein.

Ja, ich beschränkte mich auf 12 Wochen! :-)

Meine Fehleinschätzung

Ja, natürlich habe ich das Ganze völlig unterschätzt.
Meine Fehlannahme war, dass es nicht nur um das
Inhaltliche ging.

Ha, das habe ich natürlich: Jahrelange Erfahrung, Se-
minare und Workshops auf diesem Gebiet.

Mein ganzes Wissen sollte raus!

Online-Marketing

Nein, es ging in erster Linie für mich um den Einstieg
in das Online-Marketing. Das war mir ja schon klar,
denn ich hatte schon vor Jahren Videos online gestellt, die keine oder nur wenige Besucher hatten.

Prinzipiell war mir das ja alles klar, aber die Umsetzung hatte es in sich.

Double OptIn

Alleine mit dem Double OptIn verbrachte ich 4 Wochen, bis es auf meiner Website richtig installiert war.

Und wie es so ist: Auch meine Erfolgsteam-Mitstreiter hatten dafür entweder ein anderes Programm oder auch noch nicht die Erfahrung, um mir helfen zu können.

Aber auch Hilfe von außen erwies sich schwieriger als angenommen.

Denn ich bin ein Newbee im Online-Marketing und kannte bis vor 1 Jahr diese ganzen Begriffe noch nicht und wusste so auch nicht, was ein Double OptIn überhaupt ist.

Lernkurve

Nun ja, meine Lernkurve war hoch. Und das macht ja auch Spaß (, wenn mal etwas klappt!).

Aber ich gebe nicht so schnell auf, wenn ich mich mal für etwas entschieden habe.

Mein Rücken schmerzte, weil ich total verspannt war. Mein Physiotherapeut fragte schon gar nicht mehr nach, wie die Woche war …

Terminverschiebung

Ich fand mich toll und einsichtig, den Kurs nicht schon nach 4 Wochen, sondern erst im Januar nach ca. 8 Wochen starten zu lassen! :-) Nach 2 Monaten Learning.

Schließlich freundete ich mich sogar mit einem Termin nach Ostern an. „Ja, ich lass da mal ein wenig Luft raus ..."

Es ging alles schief

Und es ging alles schief, was schiefgehen konnte. Die ersten Videos mussten 5-6-mal „gedreht" werden. Dann war der Ton aber immer noch nicht gut oder ich verlor die Aufnahme, weil ich sie nicht richtig gesichert oder falsch geschnitten hatte.

Und das alles, obwohl ich die Anleitungs-Videos mindestens 5-mal angesehen hatte.

Schließlich verschickte ich zum Launch die falschen Mails. Meine Interessenten meldeten sich ab. :-(

So langsam wuchs auch in mir der Frust. Und ich bin da ziemlich hartnäckig.

Aber: Ich wollte diesen Online-Kurs machen! Punkt.

Terminverschiebung 2

Ende März/Anfang April sah ich ein, dass auch der Termin nach Ostern etwas zu früh geraten würde und verschob noch einmal die Deadline zum 1. Mai.

Die Technik hatte noch einige Späßchen für mich auf Lager und ich hatte lange das Gefühl, auf der Stelle zu treten.

Ich kam gar nicht dazu, Inhalte zu produzieren. Ich war nun monatelang mit den verschieden Programmen - mit Wordpress, mit Activecampaign, mit Camtasia, etc. - zugange und sah kein Licht am Ende des Tunnels.

Und natürlich gab es wenig positives Feedback von meinen Interessenten. Wie auch? Sie bekamen ja wenig von mir. Ich hatte ja mit mir zu tun.

Und neben dieser Tätigkeit sollen ja noch die Social Media Kanäle mit Blogartikeln und gutem Content bespielt werden. Ein Mammutprojekt, das wahrscheinlich schon viel ist, wenn man es hauptberuflich tut. Aber als Nebentätigkeit eine große Herausforderung! Wirklich!

Ich stand teilweise schon um 4:00 auf. Ich konnte eh nicht mehr schlafen, denn der Kurs ging mir Tag und Nacht durch den Kopf. Nachts kreiere ich häufig neue Ideen, die ich dann morgens sofort umsetzte.

Nun ja, nach ein paar Wochen war ich dann ausgelaugt.

Jetzt musste eine Entscheidung her, um mich aus
diesem Tief zu holen.

Analyse + Entscheidung

Was ich immer meinen Coachees weiter gebe,
wandte ich jetzt bei mir selbst an: Analyse + Entscheidung.

Ich analysierte die Situation und traf eine Entscheidung.

Ich entschied mich, den Kurs im Mai zu stoppen und
ihn aber in Ruhe fertig zu stellen.

Das hat geholfen.

Ich konnte in den letzten zwei Wochen die 10 Videos
produzieren, die ich als Input brauche. Vielleicht sind
sie technisch noch nicht perfekt, aber inhaltlich spannend.

Ja, und Intro- und Outro-Trailer fehlen auch noch.
Auch könnte die eine oder andere technische Finesse
noch rein.

Und ich könnte natürlich noch mehr online tun, um
auf den Kurs aufmerksam zu machen.

Und und und …

Perfektionismus

Ja, ich habe mich jetzt ganz bewusst vom Perfektionismus getrennt.

Als Newbee ist es bei mir eben technisch noch nicht so perfekt wie bei den Profis, die das schon seit Jahren täglich tun. Aber ich merke, wie mir die Arbeit von Tag zu Tag leichter von der Hand geht.

Dafür bin ich stolz auf meinen Inhalt und freue mich, dass alles rund wurde und nun eine wirklich gute Hilfe „zum produktiven Ich" ist.

Und das Tollste dabei war, dass dieser Pilotkurs nun doch zum 1.Mai startklar war.

Vision und Mission

Was war dabei meine Motivation? Was hat mich gehalten?

Es ist die Freude, mein Wissen anderen weiter zu geben. Ja, was ich eigentlich mein Leben lang schon mache. Nur eben auch auf anderen, technischen Gebieten.

Während dieser ganzen Phase habe ich immer wieder meine Freude am Tun finden können, weil das eben mein Ding ist und mich Niederlagen nicht so leicht aus der Bahn werfen.

Ich bin noch immer kein Spezialist. Ich muss noch viel lernen und üben, um sicher und routiniert zu sein. Aber ich habe seit dem Anfang sehr viel gelernt, was online wichtig ist.

Ja, das Marketing ist totales Neuland für mich. Aber wenn ich es nicht angehe, wie sollen die Menschen mich finden?

Und ein kleines „Abfallprodukt": Meine Mitarbeiter bekommen ihre Anweisungen inzwischen von mir als kleines Video-Tutorial, weil ich Video-Tutorials auch für mich einfach toll finde.

Umgang mit Frustration

Es war ein steiniger Weg mit viel Frustration und vielen Fehlschlägen. Alles, was man falsch machen konnte, habe ich falsch gemacht.

Ja, Anfängerfehler. Aber unendlich frustrierend auf Dauer.

Als ich der Verzweiflung nahe war, habe ich die Situation analysiert und eine Entscheidung getroffen.

Das hat mich wieder aus meinem Tief herausgeholt und mir eine neue Perspektive gegeben. Und damit konnte ich dann doch noch in die Zielgerade einbiegen.

Es sind immer wieder diese Fragen, die Sie sich in diesen Situationen stellen sollten:

- o Welche Fähigkeiten haben Sie, um sich über lange, frustrierende Strecken zu motivieren?

- o Welche Methoden nutzen Sie, um sich wieder zu strukturieren?

- o Was hält Sie bei Ihren Themen?

Im nächsten Kapitel werden wir uns mal die Werte anschauen, die sehr helfen, motiviert zu bleiben.

2.2 Werte klären, um Ziele zu entwickeln

Die eigenen Werte zu kennen, hilft Ihnen bei den täglichen Entscheidungen.

Für eine nachhaltige Selbstführung und ein gelungenes Leben sind sie unentbehrlich, dennoch hat sie kaum jemand verbindlich definiert - die eigenen Werte.

Sie sind eine unschätzbar wertvolle Orientierungs-
hilfe, wenn sich Unsicherheit hinsichtlich der eigenen
Bedürfnisse, der Fremdbestimmung, der Schwierig-
keit zu entscheiden, der Unzufriedenheit und der Demotivation einstellen.

Deshalb sollten Sie Ihre eigenen Werte verbindlich
bestimmen!

Durch Klärung der Werte zum Sinn und Selbstwirksamkeit

Werte sind Ihre Glaubenssätze, Ihre Lebensleitlinien,
mit denen Sie leben. Auch, wenn Ihnen das gar nicht
bewusst ist.

Anfangs haben Sie Ihre Werte durch Ihre Eltern und
die Kultur, in die Sie hineingeboren wurden, vermittelt
bekommen.

Später wird daraus ein eigener Wertekanon durch die
selbst gemachten Erfahrungen kreiert. Zum Beispiel
lehnen viele Teenager in der Pubertät alles ab, was
die Eltern machen, kommen später aber oft durch die
eigenen Kinder zu vielen alten Werten aus der eigenen Kindheit zurück.

So entwickelt jeder Mensch ein ganz eigenes Wertesystem, mit dem er die Welt betrachtet. Zwei Menschen können sogar dieselben Werte haben, sie aber
unterschiedlich priorisieren.

Wie in der Pubertät die Werte hinterfragt und neu diskutiert werden, verändern sie sich im Laufe des Lebens immer wieder. Besonders dann, wenn einschneidende Erlebnisse Ihr Leben verändern: Berufsstart, Familiengründung, Scheidung, Krankheit, Verlust einer wichtigen Person.

Immer dann ist es notwendig, die Werte wieder zu überprüfen und sich neu zu positionieren.

> o   Was ist für mich richtig?

> o   Wann bin ich mit mir im Einklang?

Ohne Wertedefinition keine klare Zieldefinition

Wenn Sie sich vorstellen, dass Sie das sind, was Sie denken, dann wundert es nicht, dass Sie selbst bewirken, was Ihnen zu- fällt. Das gilt auch für Ihre Entscheidungen.

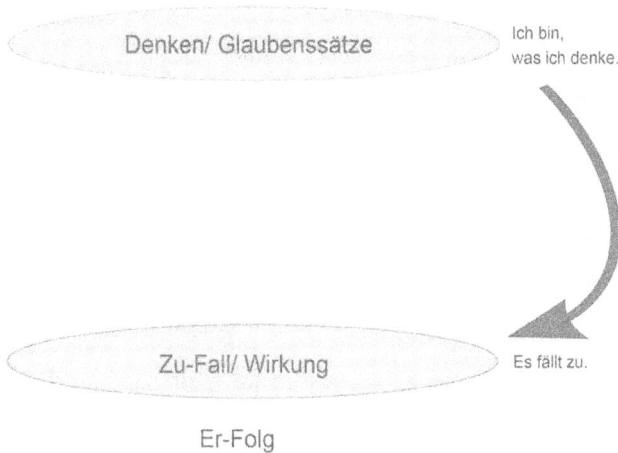

Denken/ Glaubenssätze — Ich bin, was ich denke.

Zu-Fall/ Wirkung — Es fällt zu.

Er-Folg

Zu-Fall

Die eigenen Werte zu kennen, hilft Ihnen bei den täglichen Entscheidungen. Mehr noch es ist eine unbewusste, Sie treibende Kraft, mit der Sie immer arbeiten sollten.

Wenn die Werte verletzt werden, reagieren alle Menschen oft heftig. Verletzen sie sie selbst, haben sie Schuldgefühle. Verletzt jemand Ihre (höchsten) Werte, fühlen Sie sich angegriffen.

Sie können nur im Einklang mit Ihren Werten ein sinnerfülltes Leben führen.

Wer abenteuerlustig ist, wird in einem langweiligen Bürojob mit sich wiederholenden Routinen unglücklich sein.

Wer ein großes Sicherheitsbedürfnis hat, wird sicher nicht mit einem Rucksack eine Weltreise antreten.

In Ihrem (Berufs-) Alltag wird es mühsam und wenig effektiv vorangehen, wenn er nicht zu Ihren Werten passt. Sie fühlen sich unzufrieden und ausgelaugt.

Wenn Sie langfristig erfolgreich sein wollen, wenn Sie sich in dieser Welt wohlfühlen wollen, sollten Sie mit Ihren Werten im Einklang leben. Beruflich und privat.

Mit einem geklärten Wertesystem kann dann leicht eine Vision und ein großes Ziel definiert und angestrebt werden.

Legitimationsfragen zur Wertedefinition

Mit den folgenden Fragen kommen Sie zu Ihrer Wertedefinition

- o Was ist Ihnen im Leben wichtig?
- o Womit motiviere Sie sich?
- o Was treibt Sie an?
- o Wann sind Sie stolz auf sich?
- o Ohne was können Sie nicht leben?

Filtern Sie aus den Antworten dieser Frage Ihre 10 wichtigsten Werte heraus, und priorisieren Sie diese im Anschluss.

Oder sehen Sie sich die kleine Übung an. Hier finden Sie die kostenlosen Checklisten zum Zeitmanagement.

Im Einklang mit sich selbst

Die eigenen Werte zu kennen, hilft Ihnen bei den täglichen Entscheidungen. Mehr noch es ist eine unbewusste, Sie treibende Kraft, mit der Sie immer arbeiten sollten.

Ihre Zufriedenheit im Alltag hängt stark davon ab, ob Sie im Einklang mit ihnen leben. Ohne sie genau zu kennen, können Sie gar nicht oder nur schwer die für Sie richtigen Ziele definieren.

Sie dienen Ihnen nicht zuletzt als effektiver Filter. Gehen Sie konsequent dazu über, Ihre Entscheidungen und Handlungen an Ihren Werten auszurichten. Ihr Leben wird um Längen an Zielsicherheit und Selbstwirksamkeit zunehmen.

Ein Segen für Ihre Selbstführung.

2.3 Zwei oft unbeachtete Faktoren für ein erfolgreiches Projekt

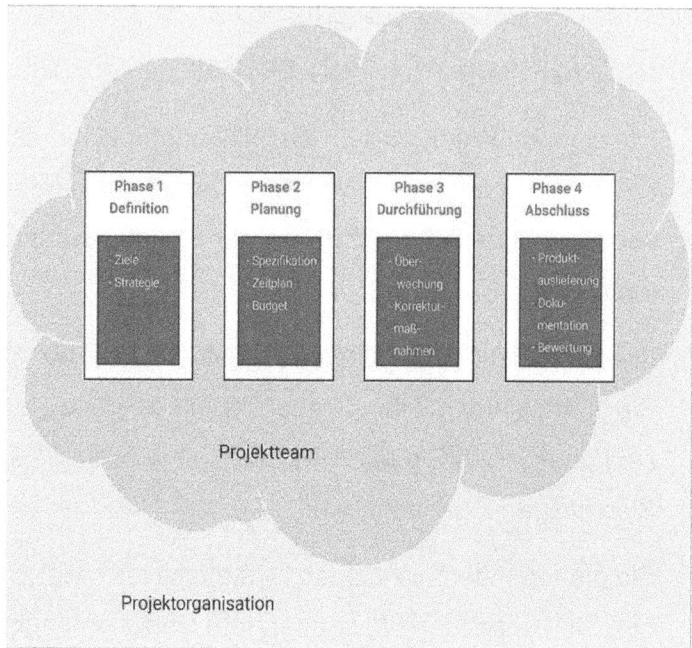

Selbstführung und Produktivität sind nur dann zufriedenstellend, wenn Sie es schaffen, Ihre Projekte erfolgreich abzuschließen.

Das gilt natürlich nicht nur für berufliche, sondern auch private Projekte.

Aber welche Faktoren ermöglichen Ihnen ein erfolgreiches Projekt?

Die vier Phasen eines Projekts

Jedes Projekt unterteilt sich in vier Phasen

- o Projektdefinition,
- o Projektplanung,
- o Projektdurchführung,
- o Projektabschluss.

Alle Phasen habe ihre eigenen Anforderungen an die Ausführenden.

"Ich kenne nur Planung und Durchführung!"

Als ich 1990 einem anderen Projektleiter mein neues Buch „Projektmanagement & Business Coaching" vorstellte, sagte er mir sofort mit Vehemenz: „Projektdefinition und Projektabschluss kenne ich gar nicht. Ich kenne nur Planung und Durchführung!"

Wie kann das sein?

Tatsächlich hat das zwei Ursachen:

In großen Unternehmen gibt es Abteilungen, die sich nur mit den Projektangeboten beschäftigt, also bevor die Projekte zum Auftrag werden und einen Projektleiter bekommen. Dann ist es tatsächlich so, dass dort auch die Definition „mit erledigt" wird und der Projektleiter das Projekt erst sieht, wenn es in die Planungsphase kommt.

Der andere Grund gilt auch für private Projekte.

Oft sind die Beteiligten so begeistert von dem vermeintlichen Projektziel, dass sie sich nicht genug Gedanken machen, wann und wie das Projekt durchgeführt werden kann.

Das führt oft zur Mißorganisation, zur Unstrukturiertheit und zur Demotivation.

Nun ja, auch der 2. Punkt ist so weit verbreitet: Der Abschluss wird nicht durchgeführt.

Das Produkt wird ausgeliefert, die notwendige, meist lästige Dokumentation wird noch erledigt, und schwupps – sind Sie im nächsten Projekt.

Schade, denn zum einen setzt das Beenden eines Projektes wieder Energien für Neues frei.

Aber mehr noch:

Projektdefinition und Projektabschluss sind wichtige Lern-Prozesse für ein erfolgreiches Projekt

Aber in beiden Phasen laufen wichtige Lern-Prozesse für ein erfolgreiches Projekt ab. Und auch natürlich für Ihren Erfolg.

Phase 4, der Projektabschluss ein wichtiger, letzter Schritt

Für die Phase 4, den Abschluss, ist es schnell gesagt:

Sie nehmen Ihrem Team und sich selbst das Learning aus dem Projekt und die Bewertung des Projektes.

Durch diese Rückschau auf das Gesamtprojekt werden die gewonnenen Erfahrungen und Erkenntnisse noch einmal betrachtet, um sie bei zukünftigen Projekten anzuwenden. Die Rückschau findet im Allgemeinen im Rahmen einer Gruppendiskussion mit den wichtigsten Beteiligten statt.

Meist sind die Beteiligten schon mit einem anderen, neuen Projekt beschäftigt und wollen nicht die Zeit aufbringen, das alte noch zum Abschluss zu bringen.

Eine Checkliste zum Projektabschluss, in der die verschiedenen Aktivitäten zum Ende eines Projektes vom Projektleiter kontrolliert und abgehakt, bzw. noch zur weiteren Ausführung delegiert werden können, hilft diesen Vorgang zu automatisieren.

Es ist es wichtig, die folgenden Fragen in schriftlicher Form zu beantworten. Da die Beteiligten aber auch

"Fehler eingestehen" müssen, funktioniert dieser offene Vorgang nur, wenn ein Vertrauensverhältnis zwischen den einzelnen Personen herrscht.

- o Erreichte das Projekt den geplanten Zeitplan?

- o Ergeben sich daraus für die zukünftige Zeiteinteilung Änderungen? Welche?

- o Konnte der geplante Kostenrahmen eingehalten werden?

- o Ergeben sich daraus für die zukünftige Budgeteinteilung Änderungen? Welche?

Bei der Phase 1, der Projektdefinition ist es etwas komplexer.

Die Projektdefinition wird durch das Warum geklärt

In der Projektdefinition wird das Warum des Projekts geklärt. Aus dem Warum wird dann die Projektvision entwickelt, die schließlich dem Projektteam hilft, an diesem Projekt motiviert und selbstverantwortlich zu arbeiten. Menschen lieben es, am Gesamtprodukt teilzuhaben.

Die Planung liefert dann das Wie, den darauffolgenden Ablauf.

Wenn es eine unzureichende Projektdefinition gibt, wissen Sie und alle Beteiligten nicht, wohin die Reise geht. So kann es nicht oder nur unzureichend die Verantwortung für das Gelingen des Projektes übernehmen.

Eine Stolperfalle im Projekt

Es ist eine wichtige Stolperfalle im Projekt, wenn überhaupt keine oder nur eine ungenügende Projektdefinition vorhanden ist.

Die Definition dient dazu, den Projektzweck und das Projektziel präzise zu hinterfragen. Dazu muss das Projekt umfassend von allen Seiten beleuchtet werden. Je mehr offene Fragen frühzeitig abgeklärt werden können, desto erfolgreicher kann das Projekt durchgeführt werden.

Hier sind Kreativitätsmethoden hilfreich, um auch ungewöhnliche und neue Wege auffinden zu können.

Heute werden Design Thinking Teams gebildet, die vielleicht gar nichts mit der späteren Projektierung und Entwicklung des Projekts zu tun haben, um die Handhabbarkeit oder Funktionalität eines neuen Produkts möglichst von allen Seiten zu betrachten.

Zum Beispiel befragen die Teams eine Person aus der Generation 70+, um herauszufinden, ob das Seniorenhandy überhaupt so funktioniert, wie es sich die Entwickler dachten.

Die Projektdefinition wird im Allgemeinen in 7 Schritten erarbeitet.

o Studieren, diskutieren und analysieren,

o das Projekt vorläufig definieren,

o Notwendigkeiten und Wünsche auflisten,

o ein Endziel setzen,

o Alternativstrategien entwickeln,

o Alternativen bewerten,

o eine Vorgehensweise wählen.

Dieser Vorgang muss möglicherweise mehrmals durchlaufen werden. Das kann auch dann noch passieren, wenn die erste, vorläufige Planung fertig ist.

Die Projektdefinition ist ein Prozess, der sich mehr und mehr entfaltet, je länger er bearbeitet wird.

S.M.A.R.T.e Projektziele

Vor der eigentlichen Planung müssen dann noch konkrete Projektziele definiert werden. Dabei ist darauf zu achten, dass diese Ziele S.M.A.R.T. sind. In Teil 2

Produktivität wird dieses Akronym genau beschrieben.

Ein weiterer, sehr wichtiger Faktor für ein erfolgreiches Projekt sind die Durchführenden, das Projektteam.

Das Projektteam führt das Projekt selbstverantwortlich durch. Neben den Überwachungs- und Kontrollmaßnahmen ist ein gutes Miteinander für ein erfolgreiches Projekt notwendig. Teambesprechungen und Verhandlungen erfordern vom Projektleiter eine große kommunikative Kompetenz.

Potential der Projektdefinition und des Projektabschlusses

Projektdefinition und Projektabschluss werden oft stiefmütterlich behandelt. Aber beide Phasen bergen großes Potential für ein erfolgreiches Projekt.

In der Projektdefinition wird das Warum, also die Projektvision geklärt. Diese Vision motiviert das Projektteam und bringt es zum selbstverantwortlichen Handeln.

In der Abschlussphase wird das Gelernte für zukünftige Projekte dokumentiert. Dadurch wird aus Fehlern gelernt und Fortschritte werden dokumentiert.

2.4 Zielkette - Ein Glücksmodell

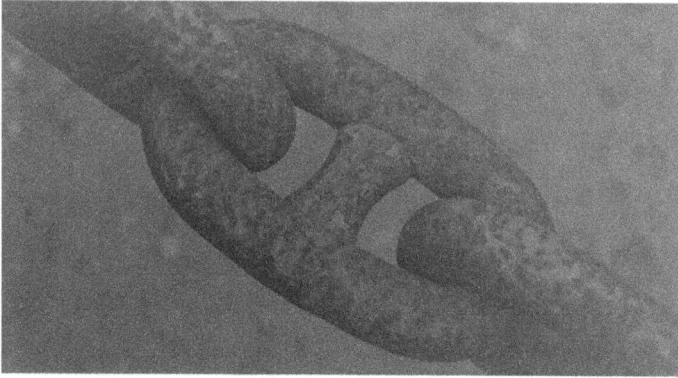

Ziele

Ziele lassen sich in gewisser Weise durch eine Ziel-kette automatisieren.

Es ist das Ende des Jahres oder das Ende eines Quartals. Sie blicken zurück auf die vergangene Zeit und schauen auf das, was geschehen ist.

o   Was haben Sie Großartiges erlebt?

o   Welche Projekte sind geglückt?

o   Welche Projekte sind nicht geglückt?

In zwanzig Jahren wirst Du eher von den Dingen enttäuscht sein,
die Du nicht getan, als von denen, die Du getan hast.

Also wirf den Palstek weg. Segel vom sicheren Hafen. Fang die Passatwinde in den Segeln.
Erkunde. Träume. Entdecke.
Mark Twain

Nun lehnen Sie sich zurück und denken über Ihre Ziele im Neuen Jahr oder in den nächsten Monaten nach. Wieder gibt es eine Reihe von wünschen in allen Lebensbereichen.

- o Endlich das Buch schreiben, dass schon lange in Ihrer Gedankenschublade liegt.

- o Den ersten Online-Kurs ins Leben rufen.

- o Mehr Zeit mit der Familie und Freunden verbringen.

- o Endlich ein paar Kilo abnehmen.

- o …

Aber wie schaffen Sie es, unliebsame Dinge möglichst automatisch und einfach zu erledigen? Wie können Sie Ihre Verpflichtungen in automatische Handlungen oder gar Routinen überführen?

Durch eine Zielkette!

Durch eine Zielkette wird das möglich. Eine Zielkette ist zum Beispiel der Ablauf, wie Sie regelmäßig Ihr Frühstück zubereiten oder vor einer Reise Ihre Koffer packen. Das eine ohne, das andere wahrscheinlich mit einer schriftlich vorliegenden Checkliste.

Sie kennen das von Fliegern. Der Pilot geht systematisch den Abflug-Ablauf durch, beginnend mit dem Check der Technik.

Aber wie können Sie das für Ihren Tagesablauf umsetzen? Zum Beispiel bei Vorhaben, die Sie gerne starten wollen, aber es hindert Sie noch irgendetwas daran.

Für Änderungen unserer Gewohnheiten braucht es etwas Zeit. Circa 30 Tage bis sich die neuen Gewohnheiten manifestiert, also gefestigt haben. Danach ist die ständige Wiederholung nötig, um am Ball zu bleiben. Dann kostet es auch immer weniger Disziplin oder Energie, sie einzuhalten.

Ein Schritt führt zum nächsten

Am besten gelingt es, wenn Sie den ersten Schritt machen, der dann sofort den Weg für den nächsten frei gibt. Und so weiter.

Am Beispiel einer banalen, alltäglichen Tätigkeit lässt es sich gut erklären:

Wer geht schon gerne zum Flaschen- oder Papiercontainer? Aber es muss ja von Zeit zu Zeit sein.

Statt kurz vor dem Verlassen des Hauses daran zu denken. „Ah, ich wollte doch noch die Flaschen mitnehmen. Mist, jetzt habe ich aber gar keine Zeit mehr dafür!" So wird es dann doch lieber auf das nächste Mal oder den nächsten Tag verschoben. Schade.

Der erste Schritt

Hier hilft der erste Schritt: das Altpapier und die Flaschen schon an der Haustür zu deponieren, oder noch besser: sofort bei einem Gang in den Keller mit hoch zu nehmen und sofort ins Auto zu bringen.

Wenn die Kisten oder Stapel dann erst einmal im Auto sind, fällt es leichter, den kleinen Umweg zu machen und die 3 Minuten am Container zu investieren. Mehr als 3 Minuten sind es ja meist nicht.

Dasselbe geht für unliebsame Telefonate: Liegt die Telefonnummer erst einmal neben dem Apparat gut sichtbar, greift man schneller zum Hörer, als wenn man diese noch lange heraussuchen muss. Oder unangenehme Briefe: Hat man sich schon einmal ein paar Stichworte oder Sätze notiert, lässt sich ganz einfach der Text ausformulieren.

Ich mache das gerne als letzte Tat vor meinem Feierabend. Dann habe ich am nächsten Morgen gleich eine Grundlage für das weitere Vorgehen.

Umsetzung in eine Zielkette

Eine Umsetzung in eine Zielkette ist nicht immer ganz einfach. Es geht darum, den ganzen Vorgang in kleine, überschaubare und sofort ausführbare Schritte zu unterteilen.

Wenigstens die ersten 3 Schritte. Das sind die wichtigsten. Die nächsten Schritte folgen automatisch aus den vorherigen und führen so zur Zielkette.

Je öfter der Vorgang wiederholt wird, desto besser schleifen sich die Automatismen ein und Sie schaffen sich dadurch Routinen oder Rituale.

Wikipedia beschreibt Routine auch mit Programmierung.

Spannend, oder?

Erfolgs führt zu Glückshormonen

Hierbei wird eine ganz einfache Reaktion in Ihnen ausgelöst. Jedes auch noch so kleine Erfolgserlebnis führt zu einer Aktivierung Ihrer Glückshormone. Diese beflügeln Sie, weiterzumachen und das Unangenehme zu vergessen.

So können Sie aus unangenehmen Aufgaben beglückende Erfolge erzielt werden!

Die Warum-Kraft

Dahinter steckt die Warum-Kraft, die aus einem vagen Wunsch ein Ziel entwickelt. Ist das Ziel erst einmal definiert, wird durch klar definierte, regelmäßige Handlungen die Umsetzung nicht mehr angezweifelt und einfach durchgeführt.

Nach einigen Wiederholungen wird dieser Prozess wie das morgendliche Zähneputzen automatisch durchgeführt.

„Schon mal anfangen"

Wenn Sie es schaffen, unangenehme Aufgaben in kleine Schritte zu unterteilen und „schon mal anzufangen", folgen die nächsten Schritte meist automatisch.

Eine Zielkette macht sich dies zunutze und schafft durch Wiederholungen automatische Routine, die Ihnen helfen, auch unangenehme Aufgaben durchzuführen und als Erfolgserlebnis zu empfinden.

Welche Zielkette nutzen Sie bereits?

2.5 5 Minuten-Heilmittel gegen Pro-krastination

Prokrastination entsteht durch Versagensängste.

Es ist ja nicht so, dass Prokrastination, also die Auf-schieberitis, eine Frage der Faulheit ist.

Jessica Hirsche, eine amerikanische Schriftstellerin, sagt sogar: "Die Arbeit, die Du machst, während Du prokrastinierst, ist wahrscheinlich die Arbeit, die Du den Rest Deines Lebens tun solltest!"

Hey, das hört sich doch interessant an.

Wenn Sie etwas vor sich herschieben, sind Sie ja oft nur eingeschüchtert oder überfordert vor einem gro-ßen oder neuen Projekt. (Als Projekt bezeichne ich hierbei alle großen und kleinen Vorhaben oder Aufga-ben, die im (Berufs-) Alltag anfallen.) Sie wissen ein-fach noch nicht genau, wie Sie das Projekt angehen sollen oder was Sie da genau tun sollen.

Oder Sie wollen dieses Projekt eigentlich gar nicht tun? Dann ist es sehr wichtig, sich folgende Fragen zu stellen

- Was ist Ihnen jetzt wirklich wichtig?
- Was ist für Sie/Ihr Unternehmen jetzt wirklich wichtig?
- Was ist für Sie langfristig am besten?
- Was ist für Sie/Ihr Unternehmen langfristig am besten tun?
- Welche Gefühle kommen bei der Entscheidung A hoch und welche bei der Entscheidung B? (Zum Beispiel, wenn A "Blog schreiben" heißt und B "mit dem Hund spielen")
- Was würde Ihr Super-Ich in dieser Situation tun - der beste Teil von Ihnen?
- Was würde Ihnen Ihr bester Freund/Ihre beste Freundin raten?
- Was wollen Sie später im Alter oder im nächsten Leben tun?
  Hier bekommen Sie einen Hinweis auf das, was Sie sich aus Vernunft oder Schüchternheit nicht erlauben.
- Was können Sie heute dafür tun? Welchen klitzekleinen Schritt, eben diese 5 Minuten

können Sie heute schon in diese Richtung gehen?

Je öfter Sie das tun, desto besser wird Ihr Gefühl für die Dinge, die Sie wirklich tun sollten.

Falsche Projekte führen zur Prokrastination

Natürlich gehen Sie das Projekt, das bei dieser Befragung zum Beispiel keinen langfristigen Sinn macht, erst gar nicht an und streichen es sofort von Ihrer To-Do-Liste. Das gehört sofort und ohne Zögern auf Ihre Not-To-Do-Liste!

Hier können Sie sich eine Not-To-Do-Liste herunterladen.

Alle anderen offenen Projekte gehen Sie nun an.

Schrittweise. Mit kleinen Schritten.

Angst vor dem Versagen

Egal, ob es ein sehr großes Projekt ist und/oder ein (lebens-) wichtiges, Sie müssen immer erst eine Angst überwinden. Die Angst vor dem Versagen. Das ist der Grund für Prokrastination oder Aufschieberitis.

Dieses Versagen können Sie überwinden, indem Sie mit sich das Commitment eingehen, nur exakt 5 (winzige) Minuten an diesem Projekt zu arbeiten oder wenigstens dabei zu bleiben. Zum Beispiel in den vollgestopften Keller zu gehen.

Unser Unterbewusstsein sagt sich dann: „Was kann denn schon in 5 Minuten passieren.", und lässt sich voll und ganz drauf ein.

5 Minuten, mehr nicht!

Diese Idee scheint komisch zu klingen, aber das Problem in Ihrem Kopf ist, dass Sie nicht wissen, wie der erste Schritt geht. Wenn Sie nur 5 Minuten an einer Sache arbeiten, startet Ihre Motivation völlig automatisch. Selbst wenn Sie stocken, wissen Sie nach 5 Minuten schon, wo Sie stehen, was Sie noch brauchen und wie Sie weitermachen können.

5 Minuten in der voll gemöhlten Garage (ich habe keine Garage, aber dafür Kellerräume!) zeigen Ihnen wirkungsvoll, ob Sie es mit Abfalltüten schaffen oder einen Container holen müssen.

Das größte Problem bei größeren Projekten ist der Berg, der vor Ihnen liegt. Sie haben noch keine Übersicht und können ihn nicht überblicken. Das führt zur Prokrastination. Herzensprojekte gehen Sie dagegen sehr gerne und leicht an.

Zum Beispiel ein Buch-Projekt

Nehmen wir einmal an, Sie wollen schon lange ein Buch schreiben. Aber Sie finden keinen Zugang, keinen Anfang.

Sie habe schon eine Menge Stoff gesammelt, aber zum Buch mit einem roten Faden reicht es noch nicht.

Früher beim Aufsatzschreiben in der Schule nannten wir das Stoffsammlung. Daraus wurde dann die Gliederung. Dann die Inhaltsangabe. Und dann schreiben wir in diesen 4 Stunden, was das Zeug hielt. Wir kamen nach einem vielleicht anfänglichen Stocken bei jedem noch so schwierigen Thema in den Flow.

Und warum machen Sie das denn heute nicht auch so?

Hier sind wieder kleine Schritte gefragt. Was wäre der erste Schritt?

Bei Ihrem Buchprojekt: Aus der Stoffsammlung eine vorläufige Gliederung zu machen. Also die Reihenfolge der Kapitel vorzugeben. Natürlich kann diese sich später noch bei der Bearbeitung ändern, aber das spielt in diesem Schritt überhaupt keine Rolle.

Ein offenes Projekt wählen

Also, wir wählen ein offenes Projekt und entscheiden, es genau für 5 Minuten zu bearbeiten. Genau 5 Minuten.

Ja, nach 5 Minuten ist Schluss.

Sogar wenn Sie nur 5 Minuten dasitzen, gar nichts tun und nur in die Luft kucken, entwickelt Ihr Unterbewusstsein eine Strategie, wie es weitergehen kann.

"Was kann ich denn schon in 5 Minuten schaffen?"

Jetzt kommt der häufigste Einwand (von Ihrem inneren Schweinehund) "Was kann ich denn schon in 5 Minuten schaffen?" Aber das ist das Reden der Prokrastination. Ihr innerer Schweinehund versucht nur die Seite in Ihnen zu verteidigen, die in diesem Moment lieber gar nichts machen möchte.

Gar nichts. Um nicht zu versagen!

Nur wer nichts macht, macht nichts falsch.

Michael Frese (Wirtschaftspsychologe)

Darauf sollten Sie diesmal aber nicht hören. Sie wissen ja, wohin sie Sie bringt. Denn

"Auch wer nichts tut, kann etwas falsch machen."

Juristen nennen das "Begehen durch Unterlassen".

(Achim Reichert, Physiker, ehem. Hamburger Politiker)

Tatsächlich haben diese 5 Minuten, die Sie jetzt an Ihrem Projekt arbeiten und die Sie sonst nicht daran gearbeitet hätten, den ausschlaggebenden Effekt und bringen Sie wirklich weiter.

Klarheit entsteht, wenn Du beginnst zu handeln.

Kiwi Pfingsten

Das war der härteste Teil! Denn jetzt beenden Sie das Herumgehopse von einem Projekt – oder einer Ablenkung - zum anderen und arbeiten an dem Projekt, an dem Sie wirklich arbeiten sollten.

Mit diesem Trick helfen Sie Ihrem Gehirn, Gewohnheiten zu verändern. Aufschieberitis, die Prokrastination ist nämlich eher eine psychologische als eine reale Barriere.

Kleinen Schritten in nur 5 Minuten

Tatsächlich können Sie Ihr Arbeitsverhalten, besonders die Prokrastination mit sehr kleinen Schritten in nur 5 Minuten verändern. Wenn Sie nur 5 Minuten an einem Projekt arbeiten, wissen Sie, wo Sie stehen und wie Sie weitermachen können.

Dazu müssen Sie natürlich erst herausfinden, ob es ein wichtiges Projekt ist. Andere Projekte sollten sofort auf Ihre Not-To-Do-Liste.

Aber Sie müssen bei vielen Aufgaben oder Projekten immer erst eine Angst überwinden. Die Angst vor dem Versagen.

Erst wenn Sie diese Angst überwinden, kommen Sie in den Flow und können konstruktiv an Ihrem Projekt arbeiten.

Welche offenen Projekte stehen auf Ihrer Liste, die unbedingt bearbeitet werden sollten und Sie nicht rangehen?

2.6 Alles hat seine Zeit - Warum Ihr Mindset so wichtig ist

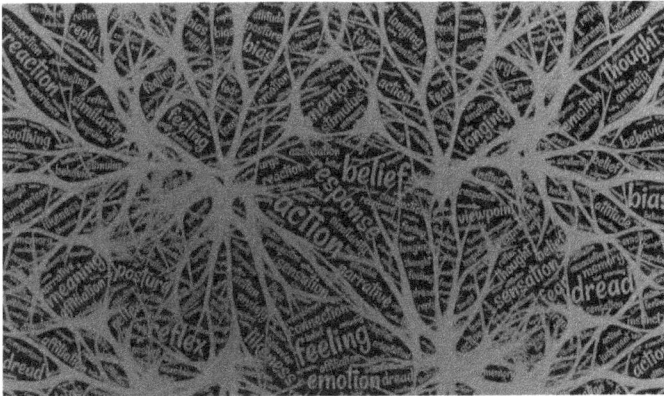

Schlafen werden wir später

Ich lese gerade das Buch „Schlafen werden wir später" von Zsuzsa Bánk. Es war ein Spontankauf, weil ich auf einen Termin warten musste und beim Reinlesen die Sprache so toll fand.

Jetzt bin ich auf Seite 115 von 682 und weiß nicht, ob ich hier abbrechen soll.

Wie gesagt: Brillant geschliffene Sätze reihen sich aneinander und erfreuen mich. Aber der Inhalt?

Zwei Schriftstellerinnen und Freundinnen seit Kindheitstagen bedauern in täglichen Briefen, bzw. E-

Mails, dass sie nun getrennt voneinander leben und dass ihr Leben nicht so verläuft, wie sie es sich vorstellen.

Die eine, Mutter von drei kleinen Kindern, kommt vor lauter Familie nicht mehr oder sehr selten zum Schreiben. Zusätzlich kommen Beziehungs- und Geldprobleme hinzu.

Die andere, eine Gymnasiallehrerin für Deutschunterricht, verarbeitet ein Beziehungsende und eine Krebserkrankung. Sie verträumt ihre Zeit, indem sie in die Fußstapfen der <u>Annette von Droste-Hülshoff</u> folgt. (Übrigens meine Namensgeberin.)

In den 115 Seiten sind im Buch 7 Monate vergangen und es sieht nicht so aus, als ob sich etwas ändert.

Ungeduld und Unzufriedenheit

Was macht mich denn da so ungeduldig und unzufrieden?

Tatsächlich gab es auch in meinem Leben eine Zeit, in der ich mit meinem Leben haderte.

In meinem Beruf als Hochschullehrerin arbeitete ich mich ab und war dann zu müde, auch noch künstlerisch tätig zu sein.

Klagen und weiter leiden

Eine Änderung war nicht abzusehen. Also hatte ich die Alternative, mich weiter darüber zu beklagen oder eine Lösung zu finden.

Eine Lösung wäre ja gewesen, alles auf eine Karte zu setzen und meine Professur aufzugeben.

Ha, so mutig war ich nicht. Ich wollte schon meine finanzielle Existenz gesichert haben. Dazu habe ich viel zu viele Künstlerexistenzen gesehen – und mit ihnen ja auch zeitweilig gelebt -, die in ihren Ateliers ohne Heizung und ohne Toilette im Winter und Dusche über den Hof wohnten.

Es mag romantisch klingen, aber das ist es nicht. Auch nicht, wenn Mitte des Monats das Geld weg ist.

Tatsächlich gibt es in Deutschland nur etwa 1000 Künstler, die von ihrer Kunst leben können. Circa 3000 leben von ihrer Kunst und einem unterstützenden Partner. Oder besser: einem unterstützenden Partner und ihrer Kunst. Alle anderen gehen noch einem Beruf nach.

Und mit einem goldenen Löffel bin ich nicht auf die Welt gekommen. Deshalb schied diese Variante aus.

Diese Unzufriedenheit begleitete mich eine Zeit lang. Ich tat, was ich konnte und war oft am Rande der Erschöpfung.

(Ver-) Änderung

Bis in einem Gespräch der Satz fiel: „Alles hat seine
Zeit."

Ein jegliches hat seine Zeit, und alles Vorhaben unter dem Himmel hat seine Stunde:

Geboren werden hat seine Zeit, Sterben hat
seine Zeit,

Pflanzen hat seine Zeit, Ausreißen, was ge-
pflanzt ist, hat seine Zeit,

Töten hat seine Zeit, Heilen hat seine Zeit,

Abbrechen hat seine Zeit, Bauen hat seine
Zeit,

Weinen hat seine Zeit, Lachen hat seine Zeit,

Klagen hat seine Zeit, Tanzen hat seine Zeit,

Steine wegwerfen hat seine Zeit, Steine sammeln hat seine Zeit,

Herzen hat seine Zeit, Aufhören zu herzen hat
seine Zeit,

Suchen hat seine Zeit, Verlieren hat seine
Zeit, Behalten hat seine Zeit, Wegwerfen hat
seine Zeit,

Zerreißen hat seine Zeit, Zunähen hat seine
Zeit,

Es ist ein sehr altes Zitat aus der Bibel und es beinhaltet so viel Weisheit.

Uralte Sehnsucht

Es scheint also ein uraltes Problem - eine Sehnsucht - zu sein, dass der Mensch gerne woanders wäre, als im Augenblick tatsächlich ist und dass er lieber etwas anderes tun würde, als er gerade tun muss.

Und das schafft Unzufriedenheit, die das Leben vergällt.

680 Seiten oder ein Leben lang Unzufriedenheit oder Trauer. Wie schrecklich!

Die einzige Lösung ist, das Mindset zu verändern. Und zwar langfristig.

Vom Mindset habe ich schon oft gesprochen. Es ist die innere Haltung, mit der wir die Dinge betrachten und bewerten.

Glaubenssätze haben Einfluss

Ihre Glaubenssätze und Ihre Landkarte, die Sie im Kopf haben, bestimmen das, was Sie denken und dann tun!

Wenn Sie verstehen, dass Sie der Notwendigkeit nicht ausweichen können und „da eben durch„ müssen, erleichtern Sie sich mit dieser Haltung Ihr tägliches Leben.

Produktivität, um Alltagsaufgaben effizienter zu meistern

Ich sage so oft, dass es mir bei der Produktivität nicht um´s Mehr- und Immer-Noch-Mehr-Tun geht, sondern dass die Dinge, die nun einmal getan werden müssen, effizienter von der Hand gehen können.

Also meine Existenz mit täglicher Arbeit zu sichern ist bei mir notwendig. Bei Ihnen sicher auch.

Beruf und Freizeit nicht getrennt betrachten

Aber Vorsicht: Viele machen jetzt den Fehler, dass sie Beruf und Freizeit strikt voneinander trennen. Das schafft aber noch mehr Unzufriedenheit - vielleicht auch Burnout.

Beides leben Sie ja und können es nicht ständig vertagen. Es ist EIN Leben: IHR Leben!

Die Kunst ist die innere Einstellung so zu ändern, dass beides, der Beruf und die Freizeit, zufrieden und glücklich macht.

Ich lernte, dass es Zeiten gibt, in denen ich meinem Beruf, und Zeiten, in der ich meiner Berufung nachgehe.

Beruf und Berufung

Erst viel später habe ich festgestellt, dass mein Beruf auch meine Berufung ist: Ich lehre unglaublich gerne und freue mich, wenn ich anderen damit helfen kann und etwas bei dem Menschen ankommt. Umso enttäuschter bin ich natürlich auch, wenn es auf keine Resonanz trifft. :-(

Die endgültige „Erlösung" oder das wirkliche Verstehen kam aber erst, als mir jemand sagte: „Sie bauen sich scheinbar in Ihrer Hochschultätigkeit so viel Energie auf, die Sie dann in der Kunst explosionsartig entladen können!"

Tatsächlich liebe ich es, wenn sich aus einer meiner Tätigkeiten etwas ganz anderes automatisch ergibt.

Aus meiner Industrietätigkeit habe ich immer aktuelle Beispiele für den Unterricht und die Erfahrungen, die ich dort oder sonst mache, verarbeite ich in der Kunst und so weiter.

Alles ist im Fluss

Dann ist alles im Fluss, im Flow. Dann kostet es wenig Energie und ist eher aktivierend als ermüdend.

Also: Sehen Sie doch einmal Ihren (Berufs-) Alltag aus diesen Aspekten an.

- o Was ergibt sich aus Ihrer Tätigkeit völlig automatisch?

- o Was läuft Ihnen gut von der Hand?

- o Über welche Dinge freuen Sie sich?

- o Was gelingt Ihnen gut?

Natürlich sollen Sie dahin arbeiten, von diesen Dingen mehr zu tun oder mehr zu haben. Aber es ist Ihre Sichtweise zum Leben, zum (Berufs-) Alltag, der Sie froh und glücklich macht, auch wenn es mal nicht so läuft.

Und, was noch ganz wichtig ist: Ist Ihnen aufgefallen, dass Ihr Mindset vollkommen unabhängig von äußeren Einflüssen, unabhängig von jeweiligen Mainstream ist?

Es sind Ihre ganz eigenen Einstellungen, die sie Sie zufrieden mit sich selbst machen. :-) Unbeeinflusst von außen!

Das richtige Mindset

Tatsächlich hat jeder Mensch immer mal Zeiten im Leben, in denen er mit sich selbst und mit seinem Leben hadert. Das ist völlig normal.

Das sind oft die Zeiten, in der sich eine Veränderung anbahnt.

Im (Berufs-) Alltag arbeitet er sich ab und ist dann zu müde, auch noch andere schöne Dinge zu tun.

Da die Existenz aber meist mit einem Beruf gesichert werden muss - außer man gewinnt im Lotto :-) -, hat man nur die Alternative, sich weiter darüber zu beklagen oder eine Lösung zu finden.

Da ist ein Umdenken oder eine Änderung des eigenen Mindsets notwendig.

Mit dem richtigen Mindset können Sie sich darüber hinwegsetzen und ganz neue Perspektiven entwickeln.

Und hören auf zu klagen! :-)

Ich bin gespannt auf Ihre Kommentare.

3 SELBST-MOTIVATION - NUR DIE ZÄHLT (INSTANT INFLUENCE METHODE)

3.1 Wie könnten Zauberfee oder Heinzelmännchen bei der Produktivität helfen?

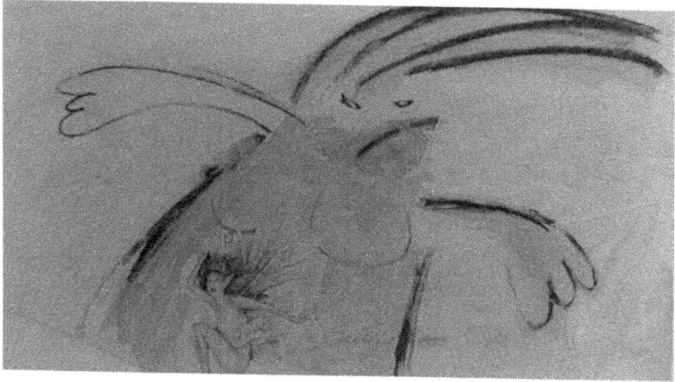

Darum geht´s

Es gibt keine Zauberfee und auch keine Heinzelmännchen! :-(

Das ist die ernüchternde Wahrheit!

Also keine kleinen Helfer, die Ihnen im Alltag helfen, produktiver und effizienter zu sein.

Aber es gibt Methoden und Werkzeuge, die Ihre Einstellung zu den Dingen verändern und es Ihnen damit erleichtern, Struktur in Ihren (Berufs-) Alltag zu bringen.

Das alles habe ich in einem Online-Kurs „Der Weg zum produktiven Ich – 12 Bausteine für Ihre Produktivität" zusammengestellt.

Es ist ein 12 wöchiger Kurs, in dem Sie Schritt für Schritt –genau mit 12 Bausteinen– durch die Fallstricke geführt werden, die Ihre Produktivität behindern. Und schließlich werden Sie intensiv in der Umsetzung begleitet, um Rückfälle in alte Gewohnheiten zu verhindern.

Diese Schritte sind aus dem Fliegeralltag hergeleitet

1. Durchführung des Skillchecks,
2. Klärung und Implementierung der eigenen Werte,
3. Definition der eigenen Lebensvision,
4. Erstellung der Ziele und eines Jahresplans,
5. Erarbeitung der perfekten Tagesstruktur,
6. Managen der eigenen Stolperfallen,
7. Umsetzung der Ziele und Methoden.

FORDEC als Anleitung

Angelehnt an FORDEC, ein Akronym, das eine Methode zur strukturierten Entscheidungsfindung bezeichnet, die vor allem in der Luftfahrt angewandt wird. Entwickelt wurde sie von Mitarbeitern des Deutschen Zentrums für Luft- und Raumfahrt mit der Einführung von Crew Resource Management Trainings für Piloten." /Wikepedia/

> **F** wie Fakten (Facts)
>
> **O** wie Optionen (Options)
>
> **R** wie Risiken und Nutzen (Risks and Benefits)
>
> **D** wie Entscheidung (Decision)
>
> **E** wie Ausführung (Execution)
>
> **C** wie Check

Meine bisherigen Erfahrungen

Meine bisherigen Erfahrungen zeigen, dass meine Klienten sehr wohl motiviert sind, um diesen Kurs zu buchen, aber die Zeitspanne hält sie oft davon ab.

Die, die gebucht haben, waren zuerst begeistert dabei oder sind es noch.

Aber es darf wirklich NICHTS dazwischenkommen!

Denn dann ist diese Motivation unterbrochen und kann nur schwer durch persönliche Ansprache und Ermutigung wieder begonnen werden.

Das Leben kommt dazwischen

Life is what happens to you while you're busy making other plans.
John Lennon

Aber das Leben kommt eben dazwischen! Das ist eine Realität, mit der wir alle zu tun haben!

Das können neue Projekte sein, die dann doch mehr Zeit beanspruchen, als erwartet. Das kann Krankheit oder sonst ein unerwartetes Ereignis sein. All das wirft uns dann kurzfristig aus der „Bahn".

Und es sind ja Menschen, die sich Lösungen zu Ihrem (Berufs-) Alltag suchen, weil sie „bis oben hin zu" sind. Sonst hätten sie ja nicht gebucht!

Und nun packe ich zwangsläufig mit meinem Kurs zuerst noch etwas obendrauf!!!!

Diese Erfahrungen und meine Gedanken dazu beschäftigen mich sehr.

- o Wie kann ich da unterstützen?

- o Welche weiteren Hilfen muss ich anbieten, damit diese Situationen noch besser unterstützt werden?

Auch hier: In kleine Schritte unterteilen

Notwendigkeit

Zuerst muss erkannt werden, dass etwas schief laufen könnte. Dafür ist ein kritischer Blick und Offenheit
nötig, um etwas ändern zu wollen. Das ist die Aus-
gangslage.

F Fakten (Facts)

Das ist eine genaue Analyse der Gründe.

Die aktuelle Situation wird genauestens untersucht.
Dies geschieht wertfrei, denn hier soll keine Scham
und Schuldzuweisung entstehen.

O Optionen (Options)

Hier werden die vorhandenen Optionen geklärt.

Alle momentanen Möglichkeiten werden analysiert
und gewichtet. Am geeignetsten sind die Optionen,
die mit den Ihren eigenen Werten übereinstimmen.

R Risiken und Nutzen (Risks and Benefits)

Nun kommt eine Risikoanalyse.

Die möglichen Alternativen werden kritisch auf ihre
Risiken untersucht. Am besten funktionieren Pläne,
die mit Ihrer eigenen Lebensvision übereinstimmen.

D Entscheidung (Decision)

Die Entscheidung für eine Alternative wird getroffen.

Jetzt wird möglichst zeitnah für die im Moment sinnvollste Alternative entschieden.

Alle Betroffenen werden informiert und weitere notwendige Maßnahmen werden getroffen.

E Ausführung (Execution)

Nun wird das Ziel realisiert.

Die festgelegten Ziele werden in kleinen Schritten mit Ihrer Termin-Budget-Festlegung realisiert.

C Check

Das Erreichte wird festgehalten.

Das Ergebnis wird zum gesetzten Zielpunkt gemessen und möglicherweise an das gewünschte Ziel angepasst. Ihre eigenen Stolperfallen werden dabei überwunden und das Ziel eventuell nachgebessert.

U Umsetzung

Die Ergebnisse werden umgesetzt und zur Routine implementiert.

Mit offener Kritik wird immer wieder geprüft, ob alles noch nach Plan läuft.

So ist es Ihnen möglich, sich aus dem Gesamtkurs nach und nach das herauszupicken, das Sie gerade im Moment benötigen.

Zauberfee oder Heinzelmännchen

Natürlich wünschen Sie sich vielleicht auch eine Zauberfee oder die Heinzelmännchen, die Sie von der Überlast befreien könnten. ☺

Lassen Sie jetzt mal beiseite, dass es diese Märchenfiguren gar nicht gibt.

Stellen Sie sich mal zu diesem Thema die Frage: Was wäre, wenn …

- Was könnte die Zauberfee oder die Heinzelmännchen für Sie mit einem Spruch erledigen?

- Was könnten die Zauberfee oder die Heinzelmännchen ohne Murren schnell wegarbeiten?

Vielleicht ist es ungewohnt für Sie, aber so können Sie Ihre verschollenen Ideen wieder ausgraben und vielleicht weitere kreative Ideen dazu entwickeln.

Ich mache das oft, wenn ich bei einer Sache nicht weiterkomme. Wenn mich etwas total blockiert.

Träumen Sie

Dann baue ich mir ein Szenario auf, das eben von dieser Ressource genug hat.

Ich hatte das kurz nach meiner Scheidung mit der Liquidität. Ich denke, jeder weiß, wie blockierend das ist. Alles, was Sie anpacken wollen, bekommt das innere Veto: „Du hast ja eh kein Geld dafür?"

Sehr frustrierend!

So frustrierend, dass mich damals fast schon eine Wut gepackt hat. Nichts konnte ich planen, nichts träumen, ohne das mir diese Stimme dazwischenkam.

Es schien aussichtslos! ☹

Dann kam mir die Idee, einfach einmal eine Auflistung mit all den Dingen zu machen, die ich machen würde, wenn ich genügend Geld hätte.

Das war ausgesprochen spannend und mein Inneres Kind hatte eine Mordsfreude.

Es war schließlich so, dass ich immer wieder neue Dinge erfinden musste, um die Summe noch etwas zu vergrößern!

Schließlich ging es nur um die Veränderung meines momentanen Lebens und nicht um einen Traum auf einer eigenen Insel.

Zwei Erfahrungen habe ich daraus gezogen, die mich bis heute begleiten

1. Das erträumte Budget ist viel näher an dem, was ich tatsächlich habe.
2. Statt der Blockade ist es heute eher eine Abwägung, was mir im Moment wichtiger ist!

Das ist ein gewaltiger Unterschied!

Denn es gelten immer zwei Regeln

1 Euro können Sie nur einmal ausgeben,
aber auch

1 Stunde können Sie nur einmal verbringen!
Also entscheiden Sie sich!

Wunschliste

Tatsächlich schreibe ich jeden Monat eine Wunschliste mit 25 (Herzens-) Wünschen.

Immer wieder stelle ich nach den wichtigen Wünschen nach Gesundheit für meine Lieben und mich fest, dass ich manchmal gar nicht genug Wünsche parat habe, um die Anzahl 25 zu erreichen. 25 Wünsche sind nämlich richtig viel.

Aber es ist auch einer Priorisierung der Wünsche, die Ihnen helfen kann.

o Was ist im Moment für Sie am wichtigsten?

o Was müssen Sie im Moment zurückstellen?

o Was sollten Sie im Moment ganz lassen?

Was wünschen Sie sich von Herzen?

o Natürlich ist es Gesundheit. Gerade dann, wenn es Ihnen nicht so gut geht!

o Und immer wieder sind es die Finanzen. Ein Lottogewinn wäre wohl jedem willkommen. ☺

o Dann sind es die laufenden und zukünftigen Projekte, die gut laufen, erfolgreich sein oder dem Kunden gefallen sollen.

o Vielleicht ist es Unterstützung bei Arbeiten, die sehr aufwendig sind und viel Mühe machen, sie zu erledigen.

o Ja, auch Wünsche zu Verbesserungen von vielen Tätigkeiten, zum Beispiel sich von A nach B zu beamen, statt das Auto zu nehmen.

Ihre Erfahrung zum Thema und Ihre Ideen

Was wäre Ihre Wunschliste? Es müssen nicht 25 sein. 2-3 würden schon reichen.

Was muss unbedingt für Sie dabei sein? Was fehlt Ihnen noch?

Welche Unterstützung könnten Sie sich noch vorstellen?

Gibt es weitere Wünsche?

3.2 Störungen - Wie sie umgehen?

Wie umgehen Sie sie?

Welche Störungen gibt es denn?

Ja, Störungen durch Arbeitsunterbrechungen kennt jeder. Und Störungen durch Arbeitsunterbrechungen müssen bewältigt werden. Sie sind nun einmal der Bestandteil des Lebens und eines jeden (Berufs-) Alltags.

Bei der Recherche in Google, um mehr Aspekte zu Störungen abzudecken, fand ich das als 1. Eintrag ergab: http://xn--allestrungen-9ib.de/.

Dort sind es meist Störungen, die „online" passieren. Trotzdem finde ich es spannend, wie viele Störungen an mir vorbeigehen, ohne dass ich sie bemerke!

Ja, was sind denn nun Störungen, bzw. Arbeitsunterbrechungen?

Störung steht für:

Medizin und Psychologie:

- o eine körperliche Funktionsstörung beim Menschen, siehe Dysfunktion

- o psychische Störung, eine erhebliche Abweichung im Erleben oder Verhalten

Verwaltung und Recht:

- o eine Betriebsstörung

- o Ordnungsstörung ein strafbares, besonders rücksichtsloses Verhalten, welches die öffentliche Ordnung ungerechtfertigt stört

- o *Unterrichtsstörung*, Beeinträchtigung des vorgesehenen und lernfördernden Unterrichts in Schulen, siehe Unterricht#Probleme in der Unterrichts-Realität und Unterricht in der medialen Wahrnehmung

- o eine Störung des bestimmungsgemäßen Betriebes einer technischen Anlage, siehe Störfall

- o eine vertragswesentliche nachträgliche Veränderung, siehe Störung der Geschäftsgrundlage

- o Störung der Totenruhe, ein Straftatbestand

- in der Physik ein Einfluss von außerhalb eines Modells, siehe Störungstheorie

- in der Astronomie eine Abweichung von der Keplerbahn, siehe Bahnstörung

- Elektromagnetische Störung, die Beeinflussung der Funktion eines Systems durch elektromagnetische Felder

- in der analytischen Chemie ein Einfluss, der einen Nachweis verfälscht, siehe Interferenz (Analytik)

- Störung (Ökologie), ein Ereignis, das Parameter in Ökosystemen verändert

- umgangssprachlich ein Tiefdruckgebiet

- Störung (Archäologie), eine nachträgliche Veränderung von Grabanlagen

Geologie:

- Störung (Geologie), eine tektonisch bedingte Modifikation des Gesteinsverbandes (Störung im weiteren Sinn)

- ein tektonisch bedingter Versatz von Gesteinspartien an einer Trennfläche (Störung im engeren Sinn), siehe Verwerfung (Geologie)

Siehe auch: /Wikepedia https://de.wikipe-
dia.org/wiki/St%C3%B6rung/

- o Belästigung

- o Störgröße

Was bei allem wichtig ist:

Störungen kosten Zeit, Nerven und manchmal Frust,
egal, welche Ursache sie haben.

Was ist störend an Störungen?

Störend wird empfunden, wenn Sie das, was Sie tun
wollen, nicht so tun können, wie vorgesehen.

Das kann Lärm sein, der Sie bei der Arbeit unter-
bricht. Der Laubpuster des Nachbarn am Samstag-
nachmittag bei strahlendem Sonnenschein oder der
Presslufthammer der naheliegenden Baustelle.

Auch wenn das Internet zeitweilig ausfällt, ist das
eine Störung.

Es kann eine Kollegin sein, die ständig anruft oder ins
Büro stolpert, um Unwichtiges zu fragen oder zu
quatschen.

Hier können Sie eine kostenlose Strategie-Session
buchen oder schreiben Sie mir, wenn Ihnen dieses
Buch gefällt und Sie Anregungen oder Fragen haben.

Hier kommen Sie zu den kostenlosen Bonusmaterial zum Buch.

Hier finden Sie weiteres Bonusmaterial zum Thema oder besuchen Sie meinen Blog „Selbstführung & Produktivität". Sie helfen Ihnen, bessere Ergebnisse zu erzielen.

Aber da kommt noch eine ganz wichtige Rubrik dazu: Kleine Störungen, die Sie völlig aus dem Tritt bringen, weil Sie die Tätigkeit sowieso mit Widerwillen oder nur mit größter Disziplin angehen.

Dazu gehören vor allem Verhaltensänderungen.

Hier sind Störungen fatal, denn sie bringen Sie häufig ins Aus.

Ich kenne das vom Sport. Ich bin eigentlich sportlich und bewege mich gerne, aber Gerätefitness finde ich blöd.

Trotzdem lasse ich mich von Zeit zu Zeit auf einen Deal ein und buche ein Jahres-Abo im Fitness-Studio. Es wäre ja wirklich gut für mich, denn ich sitze zu viel.

Okay, das Beinchen-Heben macht mir nicht sonderlich Spaß, aber nun bezahle ich ja und diszipliniere mich. Also schaffe ich mir einen Rhythmus, zum Beispiel immer dienstags nach den Vorlesungen gehe ich brav ins Studio und mache meine Übungen.

Das kann ziemlich lange gut gehen. Aber kaum tritt eine Störung in diesem Ablauf ein, zum Beispiel, dass ich die Zeit verlegen muss, kommt das Training zum Stocken oder zum Stillstand.

Ich bekomme es häufig nicht mehr hin, es wieder zu starten. Ich lasse es schleifen. Es ging ja auch jahrelang ohne. Und bezahlt habe ich eh schon.

Erstaunlicherweise gilt da bei mir auch nicht die Regel, dass eine Gewohnheit nach 60 Tagen eintritt. Mein innerer Schweinehund kennt sie nicht oder ignoriert sie. :-)

Das sind die Störungen, die Sie aus dem Tritt bringen und gegen die Sie Strategien entwickeln sollten.

Wie werden Störungen empfunden?

Auf den ersten Blick gibt es zwei Arten von Störungsursachen:

- o Störungen durch Personen
- o Störungen durch Reize

Die größte und in der Regel wichtigste Gruppe von Störungen ist aber noch eine weitere:

- o Störungen in sich selbst

1. Störungen durch Personen

Hierzu zählen Sie nutzlose Unterbrechungen, zum Beispiel durch Kollegen, Vorgesetzte oder Untergebene, Kunden, Lieferanten, Privatpersonen wie Angehörige.

Die meisten Unterbrechungen erfolgen durch Telefonanrufe, unangemeldete Besuche, E-Mails und/oder Push-Nachrichten.

Wie gesagt, es werden nur die nutzlosen Unterbrechungen dazugezählt. Der Anruf eines Kunden oder die Bitte eines Kollegen um einen Rat für seine Arbeit, ist normaler (Berufs-) Alltag und keine Störung.

Auch normale soziale Kontakte sind nur dann Störungen, wenn sie zu viel Zeit beanspruchen und/oder zur unpassenden Zeit erfolgen.

Kollegen		
Frau Dr. Müller		///
Herr Maier		/////
Frau Karlo		///// ///// ///// ///
Herr Schneider		/

Notieren Sie sich über einen Zeitraum, zum Beispiel einer Woche, wer von den Kollegen oder Kolleginnen Sie während Ihrer Arbeitszeit unnötig stört. Das geht ganz einfach mit einer Strichliste.

2. Störungen durch Reize

In Ihrem Büro sollte das Klima für Sie passen.

- o Ist es zu laut? Ist da ein Geräusch, zum Beispiel Wasserrauschen?
- o Zu kalt? Zu heiß? Zieht es?
- o Ist die Luft zu schlecht?
- o Ist es zu unordentlich?

Äußere Reize verursachen Störungen und mindern die Arbeitsleistung. Besonders werden Geräusche als sehr störend empfunden.

Viele dieser Reize sind aber recht einfach gut zu beheben. Und Temperaturrekorde gibt es ja in unseren Breitengraden an nur wenigen Tagen im Jahr. Sonst müsste eine Klimaanlage her.

Visuelle Reize sind weniger auffallend, aber sehr viel schlechter zu vermeiden.

Oder sie werden sogar als Motivation genutzt, zum Beispiel ein Zieleboard. Dort werden die Ziele visuell dargestellt, die Sie ermutigen und zur Arbeit motivieren sollen.

Eine negative Wirkung sind visuelle Reize, besonders Schrift in jeder Form, die in Ihrem Blickfeld ist.

Zum Beispiel ein Schreibtisch mit Unterlagen, die später zu bearbeiten sind. Auch, wenn es nicht chaotisch aussieht, beanspruchen diese unerledigten Aufgaben das Unterbewusstsein.

Diese Dinge aktivieren die linke Gehirnhälfte und lenken ab. „Das muss ich auch noch erledigen..."

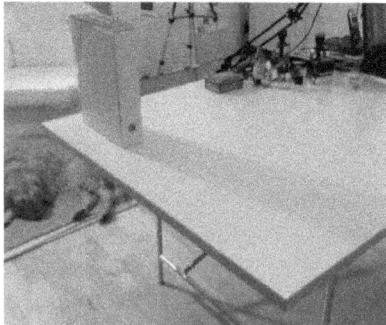

No Whitespace = Störung   Yes Whitespace = Keine Störung

Ein freier Schreibtisch macht einen klaren Kopf und Sie können sich genau auf die Arbeit konzentrieren, die Sie gerade tun.

Am besten geht das mit dem Noguchi-System. Alle Arbeiten werden in einem DIN A4-Umschlag gesammelt, außen beschriftet und in einen Stehordner gestellt.

Das Aktuellste ist links, das Unwichtigste rutscht so automatisch nach rechts und kann von Zeit zu Zeit aussortiert oder archiviert werden.

Natürlich gehören zu dieser Gruppe von Störungen auch Reize, die die Sinne ansprechen. Das können sexuelle Reize sein, aber auch Personen, die Sie fürchten oder nicht leiden können. Auch ein betörendes Parfum kann Abwehr erzeugen.

3. Störungen in uns selbst

Jetzt kommt der spannendste Teil!

Unlust, Tagträumen, Scheinaktivität („Hektische Dynamik im Kreis" nenne ich das ☺) begegnen jedem von uns täglich.

Unordnung, schlechte Zeitplanung gehören auch dazu. Aber auch Ängste, Sorgen und Krankheiten können Sie lähmen.

Und es kostet besonders viel Energie und Zeit, wenn Sie sie nicht überwinden.

Vielleicht spüren Sie einen Widerstand, eine Arbeit zu tun? Es lohnt sich herauszufinden, warum das so ist.

Natürlich sind auch Fähigkeiten, wie eine Sitzung effizient zu leiten, wichtig und bestimmen über Ihren Zeiteinsatz mit. Genauso müssen Fertigkeiten erst trainiert werden, ehe sie produktiv eingesetzt werden können.

Auch scheinbare Kleinigkeiten, wie die Beherrschung des 10-Finger-Systems sparen eine Menge Zeit.

Ich kann es leider auch nicht, aber ich bin sehr schnell im Adler-Such-System geworden.

Tipp

In ungestörten Zeitblöcken zu arbeiten oder in ruhigen Zeiten am Morgen oder am Abend zeigen Ihnen sehr schnell, wie produktiv Sie sein können.

Ich arbeite bei wichtigen Aufgaben gerne mit der 60/60/30-Methode (nächster Teil) oder Open-End.

Die 60/60/30-Methode schätze ich besonders, weil ich mich dazu auch aufraffen kann, wenn ich mal unlustig und nicht konzentriert bin. Ich bearbeite dazu eine größere Aufgabe 1 Stunde lang konzentriert. Danach schreibe ich mir noch die nächsten Schritte auf und breche ab.

In 7 Stunden pro Woche lässt sich sehr viel erledigen. Vor allem ist die 60/60/30-Methode bei langwierigen, zum Beispiel DSGVO-Maßnahmen treffen, oder monotonen Arbeiten gut, zum Beispiel Formeln in einem Buch formatieren.

Die Open-End bedeutet, dass ich mir einen Zeitraum schaffe, in dem ich solange ungestört an einer Aufgabe arbeite, bis diese erledigt ist. Vollkommen erledigt.

Dazu plane ich meist Stunden am Nachmittag ein. Ziemlich oft bin ich erstaunt, wie schnell ich mit der Fertigstellung der Aufgabe war, wenn ich so konzentriert arbeite.

Bestandsaufnahme aller Störungen

Der erste Schritt ist das Erkennen und die Zuordnung der Störursachen. Wenn Ihnen dann noch Störungen einfallen, die Sie in Erinnerung haben, schreiben Sie sie dazu.

So haben Sie eine Liste mit allen Störungen in Ihrem (Berufs-) Alltag, mit denen Sie konfrontiert sind.

Achten Sie dabei darauf, dass Sie die Störungen richtig identifizieren.

Der Kunde, der nachverhandeln will, ist keine Störung, sondern gehört zu Ihrem Arbeitsalltag. Die Kopfschmerzen, die Sie durch eine falsche Sitzhaltung haben, sind eine Störung.

Fremdbeeinflusste Störungen

Das sind Störungen, die Sie nicht beeinflussen können. Und die wir ALLE haben.

Jetzt können Sie sich entscheiden:

Leiden Sie unter ihnen oder lernen Sie, mit ihnen um-
zugehen.

Welche Störungen sind das denn?

o Wetter

o Krankheit

o Unfall (nicht selbstverschuldet)

o Maschinenschaden (nicht selbstverschuldet)

Wetter

Ich finde immer lustig, wie über das Wetter, besonders zu Feiertagen geredet wird. Die Radiosprecher
entschuldigen sich stündlich, dass es dieses Jahr zu
Ostern Schnee geben wird.

Als gäbe es eine Wahl!

Wahrscheinlich ist es die Ohnmacht, etwas nicht kontrollieren zu können. Wobei ich gar nicht mal so sicher bin, ob wir so Vieles selbst kontrollieren. :-)

Auch Krankheiten werden gerne weg geredet. Dafür gibt es doch eine Pille oder einen Saft - und weg ist der ganze Mist!

Dazu kommt noch der stille Vorwurf vom Arbeitgeber, dass Sie schon wieder oder gerade jetzt ausfallen.

Ha, wenn es doch so einfach wäre. Wenn Ihr Körper streikt und krank wird, hat das meist eine Vorgeschichte.

Nicht umsonst gibt es die Sprüche „Die Nase voll haben." „Es schlägt mir auf den Magen." „Ich huste Dir was."

Diese Auszeit haben Sie sich hart erarbeitet. Aber es kränkt Sie, wenn der Körper versagt.

Auch hier wieder die Ohnmacht, alles kontrollieren zu wollen und nicht zu können.

Unfall

Ja, damit wollen Sie nun gar nichts zu tun haben. Weder, wenn Sie deshalb eine Stunde im Stau stehen müssen, oder wenn es Sie selbst ereilt.

Als ich mir vor ein paar Jahren das Handgelenk gebrochen hatte, war ich gerade auf dem Weg zur Leipziger Buchmesse. Ich hatte mir meinen Tag also ganz anders vorgestellt.

Weil ich große Schmerzen hatte, wollten die Helfer einen Arzt rufen. Zuerst lehnte ich es mit den Worten ab: „Das dauert doch immer so lange."

Ja, es hat genau 8 Wochen gedauert. Ich hatte lange davon. :-) Natürlich das rechte Handgelenk!

Maschinenschaden

Jeder von Ihnen kennt das. Irgendeine Maschine gibt den Geist auf oder zeigt ein anderes Verhalten, als erwartet.

Klar, früher oder später müssen Sie damit rechnen. Aber dennoch passt Ihnen der tatsächliche Zeitpunkt meist nie in den Plan.

Nun, ändern können Sie es nicht. Es hilft nur, den Kundendienst anzurufen oder in die Werkstatt zu gehen.

Selbstverantwortete Störungen

Nun kommen Sie dran.

Hier können Sie entscheiden, ob Sie Opfer werden.

Das Telefon klingelt, die Kollegen quatschen und lachen laut, und eine dringende E-Mail muss beantwortet werden. Dabei sollte doch eine wichtige Arbeitsaufgabe mit einer guten Idee gelöst werden.

Durch die mangelnde Konzentration oder Störung können gute Einfälle wieder verloren gehen. Der Physiker und Nobelpreisträger Albert Einstein kannte das und lehnte ein Telefon in seinem Haus ab. Wer ihn erreichen wollte, musste es über Umwege versuchen.

Doch davon sind Sie heute weit entfernt. Da heute alle auch mobil erreichbar ist, sind Sie rund um die Uhr ansprechbar.

Wenn Sie da keinen Riegel vorschieben!

Störungen führen auch oft zu psychischer Belastung. Der Stressreport der Bundesanstalt für Arbeitsschutz und Arbeitsmedizin (Baua) sagt, dass fast jeder zweite Angestellte in seiner Arbeit häufig gestört oder unterbrochen wird. Circa 60 Prozent von ihnen geraten außerdem unter Druck, weil sie mehrere Aufgaben gleichzeitig erledigen müssen. Für die Studie umfasste fast 18.000 Arbeitnehmer und Arbeitnehmerinnen.

Fühlen Sie sich gestört?

Der eine Mensch freut sich vielleicht, wenn sein Haustier bei der Arbeit „hilft". Er würde das nie als Störung sehen.

Bürohund Lotta

So ist es aber auch in den Büros. Viele Störungen erkennen Sie gar nicht, weil Sie sie überhaupt nicht als Störung betrachten. Zum Beispiel können attraktive Kolleginnen oder Kollegen sehr ablenken. Das heißt aber noch lange nicht, dass Sie sich gestört fühlen.

Bei der Störungsaufnahme muss also ganz klar sein, dass alles, was den Arbeitsprozess, die Produktivität und die Kreativität einschränkt, eine Störung ist.

Egal, ob die Störung angenehm ist oder nicht. Vieles, von dem Sie sich nicht bewusst gestört fühlen, ist trotzdem eine Störung.

Stoppt das Multitasking

Doch nicht nur Störungen an sich, sondern auch unkonzentriertes Arbeiten, weil zu viel auf einmal getan werden muss. Multitasking lässt Sie unkonzentriert von einer Aufgabe zur anderen springen. In keine Aufgabe können Sie sich richtig vertiefen.

Diese Arbeitsstrategie ist für Ihre Produktivität nicht sinnvoll.

Das menschliche Gehirn schafft es nur, mehrere Aufgaben parallel zu erledigen, wenn diese die unterschiedlichen Hirnareale beanspruchen. Zum Beispiel eine monotone Arbeit, wie bügeln und sich mit jemandem unterhalten.

Ist dies nicht der Fall, ist es ziemlich anstrengend und stresst sehr. Zum Beispiel ein Telefongespräch führen und ein Auto lenken.

Deshalb sollten Sie sich Strategien und Gegenmaßnahmen überlegen, um in zukünftigen Situationen vorbereitet zu sein.

Trotzdem ist es wichtig, den Störungen immer den nötigen Raum zu geben. Denn Störungen haben Vorrang, weil sie die Konzentration augenblicklich unterbrechen und der Vorgang dadurch sowieso unterbrochen ist.

Umgehen von Störungen

Strichliste aller Störungen am Arbeitsplatz

Sie haben ja nun die Liste von oben vor sich.

Wenn Sie eine solche Liste über eine längere Zeit führen und dabei auch die angenehmen Störungen nicht vergessen, haben Sie einen guten Überblick über Ihre derzeitigen Störquellen.

Liste am PC?

Klar, das geht auch mit Programmen wie MS Excel oder ähnlichen Tabellenprogrammen. Solche Listen lassen sich dort sehr einfach führen.

Erstellen Sie eine Liste all Ihrer Störungen

Erstellen Sie eine Liste und werten Sie sie sorgfältig aus. Teilen Sie die Störungen wieder auf in die drei Gruppen:

- o   Störungen durch Personen,

- o   Störungen durch Reize

oder

- o   Störungen in sich selbst.

Zu jeder Störung eine mögliche Gegenmaßnahme

Nun vervollständigen Sie Ihre Liste mit den Gegenmaßnahmen, die Sie in Zukunft ergreifen werden. Das geht natürlich nur bei den Störungen, für die Sie selbst zuständig sind.

Und dann halten Sie sich dran!

Wie umgehen Sie Störungen am besten

Denn Störungen sind kein Naturgesetz. Und mit einigen einfachen Überlegungen können Sie die Zahl der Störungen verringern.

- o Kündigen Sie an, dass Sie nicht gestört werden wollen!
- o Halten Sie Ihre Bürotür beim Arbeiten geschlossen!
- o Schalten Sie Telefone leise und E-Mails ab!
- o Konzentrieren Sie sich nach einer Störung wieder auf Ihre Aufgabe
- o Werden Sie zum Vorbild und respektieren Sie auch störungsfreie Zeiten Ihrer Kollegen und Mitarbeiter
- o Weichen Sie auf Morgen- oder Abendstunden aus, aber nur, wenn Ihr Arbeitstag dadurch nicht länger wird

Und sonst gelten die Tipps gegen Prokrastination.

Und dann gelten die weiteren Tipps, die sonst noch gegen Ablenkungen helfen

- o Organisieren Sie Ihre Arbeit sorgfältig
- o Machen Sie ausreichend Pausen
- o Eat the frog first

- o Schaffen Sie sich Ihren Whitespace

- o Legen Sie störungsfreie Arbeitszeiten genau fest

- o Setzen Sie Prioritäten

Selbstverantwortete Störungen minimieren

Mit ein paar Maßnahmen lassen sich selbstverantwortete Störungen erkennen, vielleicht vermeiden oder umgehen.

Natürlich gilt das nur für selbstverantwortete Störungen. Fremdverantwortete Störungen sind ja wie gesagt: fremd verantwortet.

Um das zu erkennen, sollten Sie eine Zeit lang alle auftretenden Störungen notieren und diese dann im Anschluss auswerten.

Für selbstverantwortete Störungen können Sie sich für Sie geeignete Gegenmaßnahmen überlegen, die Sie dann in dieser Störsituation anwenden und so die Störung in Zukunft vermeiden oder unterbrechen.

3.3 Warum Sie 3 Tagesziele setzen sollten

Oder brauchen Sie keine Tagesziele (= Prioritäten für Ihren Arbeitstag) und entscheiden immer nach Ihrem jeweiligen Bauchgefühl?

Immer wieder liest man vom Ziele-Setzen, um erfolgreich zu sein. Aber warum ist das Tun so schwierig?

Also, warum brauchen Sie überhaupt Tagesziele? Und wieso sollen Sie uns gerade 3 Tagesziele setzen?

Wann sind Sie im Flow?

Es gibt einige Gründe, warum ich morgens aus dem Bett springe.

Ich habe eine brillante Idee oder Lösung ist ausgebrütet, auf die ich schon lange gewartet habe.

Dann treibt es mich regelrecht an den Schreibtisch. Manchmal fange ich schon während des Frühstücks an zu arbeiten. Es kann nicht schnell genug gehen.

Dann ist völlig klar, welches die nächsten 3 Tagesziele sind.

Sie müssen nicht bestimmt werden. Sie sind da.

Ich bin im Flow.

Ich habe Hunger und will frühstücken

Auch das treibt mich an – der Hunger. Während ich ausführlich frühstücke, mache ich mir handschriftlich die ersten Notizen zum Tag. Dafür habe ich überall im Haus DIN A5 Blätter und Stift parat, also auch auf dem Frühstückstisch.

Die Notizen können die Einkäufe sein, die zu erledigen sind, die wichtigsten Aufgaben, aber auch die zeitliche Tagesplanung. Ich schreibe mir alles auf.

Dann erst setze ich mich an den Computer und gleiche meine Liste mit der vorhandenen To-Do-Liste ab. Vielleicht muss ich sie ergänzen, vielleicht muss ich etwas vom heutigen Termin auf später verschieben.

Damit sind bei mir auch die **wichtigsten 3 Tagesziele** bestimmt.

Und jetzt gehe ich an die Arbeit. Möglichst sofort an eine dieser wichtigen Aufgaben und möglichst ungestört für einen <u>gewissen Zeitraum</u>, den ich vorher festlege.

Es gibt einen festen Termin

Wenn mir ein Termin vorgegeben ist, dann muss ich aufstehen. In diesem Fall ergeben sich die Tagesziele aus der Veranstaltung oder dem Meeting. Oft ist dann nur noch Zeit das Allernötigste abzuarbeiten. Dann meist Routinearbeiten.

Hier werden die Tagesziele und Prioritäten von außen vorgegeben.

Nach einem beendeten Projekt ist der Akku oft leer

Aber was ist, wenn diese Gründe nicht da sind und ich noch nicht richtig weiß, was ich heute machen will.

Oder einfach: Die Luft ist im Moment raus!

Das eine Projekt ist vielleicht gerade abgeschlossen und das neue noch unklar.

Wenn ich ein großes Projekt beendet habe, gönne ich mir auch schon mal die wohlverdiente Pause, um mich wieder zu sammeln. Während dieser Pause sortiere ich mich neu. Im Unterbewusstsein wird der Status „Was ist jetzt?" hinterfragt und neu bewertet.

Das ist ganz normal und meistens komme ich von selbst wieder ins Tun oder werde von außen angestoßen.

Wann wird es schwierig?

Aber manchmal kommt dieser Zustand auch während eines Projekts. Es stagniert vielleicht oder ich muss auf neue Infos warten oder ein Fehler lässt sich einfach nicht lösen. Das nimmt dem Ganzen die Fahrt und ich komme ins Stocken.

Was dann?

Ja, dann setze ich mich vor meine To-Do-Liste und picke mir die Aufgaben raus, die folgenden Erfolgsstrategien am ehesten entsprechen.

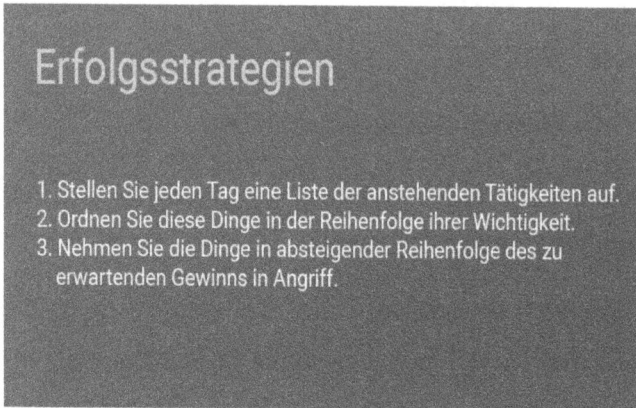

Erfolgsstrategien

1. Stellen Sie jeden Tag eine Liste der anstehenden Tätigkeiten auf.
2. Ordnen Sie diese Dinge in der Reihenfolge ihrer Wichtigkeit.
3. Nehmen Sie die Dinge in absteigender Reihenfolge des zu erwartenden Gewinns in Angriff.

Wichtig dabei: Es kann sich sowohl um **materiellen als auch immateriellen Gewinn** handeln!

Grundregeln zum Setzen von Tageszielen

Vielseitig interessierte Menschen neigen dazu, sich zwischen verschiedensten tollen Wahlmöglichkeiten zu verzetteln und dann gar nicht mehr zu wissen, was sie tun sollen oder wollen. Und was zuerst. Sie können nicht zwischen wichtig und unwichtig unterscheiden.

„Wer zwei Hasen gleichzeitig jagt, wird keinen davon fangen."

Konfuzius

Doch was ist das für eine Fähigkeit "Tagesziele setzen – Prioritäten setzen"? Kann sie erlernt werden?

Wer Prioritäten setzt, richtet sich auf ein bewusstes Ziel aus und widmet sich diesem mit all seiner Kraft, Energie und Leidenschaft, um es am Ende auch zu erreichen.

Zum Beispiel wollen viele Menschen ein Buch schreiben (Ich nehme dieses Beispiel gerne, weil es groß ist und für alle vorstellbar. Wenn es nicht Ihr Wunsch ist, dann nehmen Sie dafür etwas anderes.)

Statt sich dafür neben der alltäglichen Arbeit einen festen Zeitraum, zum Beispiel 1 Stunde freizuhalten und in dieser Zeit auch regelmäßig am Buch zu arbeiten, träumen manche von Ihnen weiter. Und schreiben das Buch nie.

Dann gibt es die zweite Gruppe, die sich jeden Tag diszipliniert in dieser Stunde an den Tisch setzt und am Buch arbeitet. Diese Menschen werden nach einer gewissen Zeit ein vorzeigbares Produkt haben.

Immerhin sind solch kleine Zeiteinheiten über eine längere Zeit gedacht sehr viel: 1 Stunde pro Tag sind im Jahr 365 h = ca. 46 Arbeitstage (8 Stunden pro Arbeitstag).

Das ist doch schon was!

Und Sie arbeiten sehr konzentriert. Das zählt doppelt!

Im Vergleich: Bei der Steuererklärung setzen Sie 220 Arbeitstage pro Jahr für unsere Fahrten zum Büro!

Und warum die Zahl 3

Warum gerade 3 Tagesziele?

"Die Zahl Drei (3) ist die natürliche Zahl zwischen Zwei und Vier. Sie ist ungerade und die erste ungerade Primzahl. Die Drei symbolisiert das Dreieck, die Vereinigung der positiven Kräfte von Körper, Geist und Seele.

Drei Impulse, die in gleichen Zeitabständen erfolgen, machen den dritten Impuls vorhersehbar. Somit sind drei Schläge die kürzeste Möglichkeit, einen Startzeitpunkt oder Ähnliches anzusagen. Daher genügt es, bis drei zu zählen, wenn mehrere Personen etwas gleichzeitig tun sollen." /Wikepedia/

Es gibt viele Redensarten, die die Drei beinhalten.

- Aller guten Dinge sind drei.

- Ewig und drei Tage

- Drei Kreuze schlagen/machen

- Nicht bis drei zählen können

o   Wenn Zwei sich streiten, freut sich der Dritte.

Aber natürlich ist diese 3 nicht in Stein gemeißelt. Wenn Sie ein sehr großes Tagesziel haben, ist das eine Ziele allein wahrscheinlich realistisch. Und an manchen Tagen ist es eben Kleinkram abzuarbeiten, dann können es auch 5 Tagesziele sein.

Wie immer: Für Sie kann es ganz anders funktionieren. Das müssen Sie ausprobieren und sich das nehmen, was Sie brauchen: **Hauptsache Tagesziele!**

Langfristige Erfolge

Um in der Ihnen zur Verfügung stehenden Zeit Ihre Ziele zu erreichen und damit Erfolge zu erzielen, setzen Sie sich 3 Tagesziele und konzentrieren sich auf diese voll und ganz. Aus diesen Tageszielen heraus ergeben sich die wichtigsten Dinge des Tages, auf die Sie dann Ihren Tag automatisch ausrichten. So können Sie dann auch leicht Ihre weiteren Tages-Entscheidungen treffen.

Hier können Sie eine kostenlose Strategie-Session buchen oder schreiben Sie mir, wenn Ihnen dieses Buch gefällt und Sie Anregungen oder Fragen haben.

Hier finden Sie die kostenlosen Checklisten zum Zeitmanagement.

Hier finden Sie Bonusmaterial zum Thema oder besuchen Sie meinen Blog „Selbstführung & Produktivität".

Sie helfen Ihnen, bessere Ergebnisse zu erzielen.

Dabei finden Sie heraus, was Priorität hat, bezie-
hungsweise das Wichtigste für das Erreichen Ihres
Tages ist. Dann konzentrieren Sie sich auf diese 3
Tagesziele und vermeiden Ablenkungen. Damit und
mit kleinen Pausen erhöhen Sie Ihre Produktivität.

Welche Erfahrung haben Sie mit dem Setzen von Tageszielen gemacht? Sind es drei? Mehr? Weniger?

3.4 Die perfekte Option! So treffen Sie Ihre Entscheidungen richtig

Die perfekte Option!? Gibt es die?

Erstaunlicherweise sind immer gerade die Veranstaltungen toll, an denen ich nicht teilgenommen habe.

Aber die Veranstaltungen davor und danach desselben Veranstalters langweilen mich tödlich. ☺

Oder der Weg, den ich gewählt habe, ist nicht der kürzeste oder der schnellste oder es gibt einen langen Stau.

Noch schlimmer wird die Wahl, wenn ich mir (vielleicht im Ausland) etwas so Banales wie Haarshampoo kaufen muss und im Supermarkt vor dem Regal stehe und eine Riesenauswahl habe. Was soll ich bloß nehmen? Welches ist das Beste?

Gut, das sind banale Alltagssituationen und Sie könnten sagen: "Wenn Sie sonst kein Problem haben …"

Aber wie ist es mit lebensentscheidenden Entscheidungen? Zum Beispiel die Entscheidung nach Abschluss des Studiums im Unternehmen A oder B zu starten.

Oder wie es immer wieder der Generation Y in den Mund gelegt wird: Wenn Sie die Wahl haben, Bundeskanzler zu werden oder Vorstandsvorsitzender? Wie sollen Sie sich dann entscheiden?

Spaß beiseite. Tatsächlich stehen wir häufig im Leben vor weitreichenden Entscheidungen, die wir möglichst optimal lösen wollen.

Wie gehen wir dann vor?

Entscheidungsliste

Okay, die meisten von uns denken nur darüber nach und entscheiden dann irgendwie.

Das ist erst einmal in Ordnung, wenn es kein Schnellschuss ist.

Aber für die Zukunft hat das Tücken. Denn wir vergessen sehr schnell das Negative und sehen später die Vergangenheit weit rosiger als sie tatsächlich war.

Das tut das Gehirn zum Schutz für uns

Deshalb ist es immer besser, diese gravierenden Entscheidungen schriftlich zu fassen, damit sie für später nachvollziehbar bleiben.

Wenn Sie in Zukunft Zweifel an ihrer damaligen Entscheidung haben, können sie noch einmal nachvollziehen, welche Gründe Sie von der Alternative abgehalten haben.

Nicht nur den Verstand berücksichtigen

Um wirklich eine tragfähige Entscheidung zu treffen, reicht es nicht aus, die im Moment „objektiven" Gründe aufzulisten.

Ich schreibe "objektiv" extra in Anführungszeichen, weil es keine objektiven Entscheidungen gibt. Wir

Menschen können nur subjektiv, also aus uns heraus entscheiden.

Das könnten Sie tun, indem Sie sich zwei DIN-A4-Blätter nehmen. Diese beiden Seiten in je zwei Listen einteilen:

Unterneh-men A		Unterneh-men B	
Vorteil	Nachteil	Vorteil	Nachteil

Nun schreiben Sie möglichst spontan Ihre Argumente für und wider auf, zum Beispiel für das Unternehmen A und das Unternehmen B.

Sie werden sehr schnell feststellen, wo tatsächlich Ihre Prioritäten liegen.

Nehmen Sie Ihre Emotionen mit

Aber das wird für eine tiefgreifende Entscheidung nicht reichen, denn in Ihrem Inneren schlummert vielleicht in der Tiefe ein großer Lebenstraum, den Sie sich auch noch erfüllen wollen.

Deshalb müssen Sie Ihre Emotionen an der Entscheidung beteiligen.

Und wenn es dann noch eine bessere Option gibt?

Das ist der Alltag. Sie haben sich das neueste Modell eines Autos gekauft und ganz schnell gibt es ein noch moderneres, technisch ausgereifteres Modell.

Eine neue Option? Nicht immer können Sie das sofort gegen Ihren „Oldtimer" eintauschen.

Und so kann es Ihnen auch bei weitreichenderen Entscheidungen passieren. Sie nehmen eine Stelle bei Unternehmen A an, nachdem sie sich viel Zeit mit einer umfassenden Entscheidung genommen haben.

Neue Situation, neue Entscheidung

Nun macht Ihnen Unternehmen C ein tolles Angebot, das Sie sich immer gewünscht haben.

Was tun?

Jetzt ist Vorsicht geboten. Denn jetzt kommt es sehr darauf an, wie heute die Voraussetzungen für eine erneute Entscheidung sind. Denn diese Grundlagen haben sich ja inzwischen total verändert.

Zum Beispiel sind Sie vielleicht umgezogen.

Also, ganz wichtig: Hier muss der gesamte Prozess der Entscheidungsfindung gründlich und von Anfang an wiederholt werden!

Diese Entscheidungen kommen im (Berufs-) Alltag täglich auf Sie zu. Und das war schon immer so. Nicht nur heute.

Stoppt den Perfektionismus

Perfektionisten haben es da nicht leicht und können sich bei der besten Option immer wieder verzetteln.

Wann ist der Text der Kampagne gut genug, um herausgegeben zu werden? Kann das Angebot tatsächlich per Email zum Kunden geschickt werden, wie besprochen. Oder soll es doch per Post auf richtigem Briefpapier geschickt werden?

Im Alltag stehen Sie ja immer am falschen Schalter oder in der falschen Schlange zur Supermarktkasse. Und die Spur, auf der Sie fahren, ist immer langsamer als die Nebenspur, oder? :-)

Ist das wirklich so? Und was dann tun?

Es gibt keine perfekte Option!

Wie an der Supermarktkasse gilt auch im (Berufs-) Alltag: Es gibt keine perfekte Option. Es führen immer viele Wege zum Erfolg.

Ja, vielleicht ist sogar die zweite Alternative auch sehr erfolgsversprechend und hätte tatsächlich auch großen Erfolg gebracht. Das ist ganz häufig sogar.

Deshalb gilt für uns: Immer gemach!

Erst jede Option gründlich durchspielen, ehe Sie aktiv werden. Jetzt gelten andere Grundlagen als zur damaligen Entscheidung und jetzt gelten andere Randbedingungen.

Also, konzentrieren Sie sich lieber weiter auf die Aufgaben auf Ihrem gewählten Weg. Und erst, wenn Sie das Gefühl haben, es ist alles erreicht und ausgereizt, wird es Zeit, eine neue Option zu prüfen und einen neuen Weg einzuschlagen.

Denn die Menschen, die dann immer die "verpasste" Alternative reklamieren, suchen sich damit eigentlich schon im Vorfeld eine Entschuldigung für ihr mögliches Versagen.

Das sind die Menschen, die ewig klagen und sich als Opfer sehen.

Huh, ich bekomme da Gänsehaut! :-)

Die ewige Suche hält Sie vom TUN ab

Die ewige Suche nach dem besseren Job, dem besseren Entwurf, dem besseren Weg, dem besseren Lieferanten und so weiter ist lediglich ein Vorwand, um niemals wirklich ans Tun zu kommen.

Es gibt nichts Perfektes. Ein islamisches Sprichwort sagt: Nur Gott ist perfekt.

Nach dem Pareto-Prinzip reichen 80% vollkommen, um gute Erfolge zu erzielen. Der Rest benötigt unverhältnismäßig mehr Aufwand.

Keine perfekte Option

Es gibt keine perfekte Option! Aber wenn Sie Ihre Entscheidung schriftlich niederlegen und Ihre Emotionen miteinbeziehen, liegen Sie richtig.

Nur so bleibt Ihre Entscheidung, besonders für weitreichende Entscheidungen, auch in der Zukunft tragfähig. Und danach lassen Sie sich nicht aus der Ruhe bringen, wenn bessere Angebote winken, sondern bleiben bei Ihrer getroffenen Entscheidung und tragen Sie zu wirksamen Resultaten bei.

Erst, wenn sich Ihre Situation gravierend verändert hat, wird ein neuer Entscheidungsprozess notwendig.

Mussten Sie sich schon einmal für die eine oder andere Option entscheiden? Wie sind Sie vorgegangen?

4 Balance oder Effizienz: Was machen Sie wann?

4.1 Was passiert, wenn Sie auf Ihr Inneres Kind hören?

Wie? Inneres Kind? Was ist das denn?

Aha, das hatte ich schon vermutet, dass Sie Ihr Inneres Kind nicht mehr kennen!

Nicht mehr? Was ist das denn nun schon wieder?!

Immer, wenn ich vor meinen Studentinnen und Studenten von meinem Inneren Kind sprach, saßen sie ziemlich sprachlos vor mir. „Was will die denn von uns?!"

Aber sie blieben meist aufmerksam und blieben bei der Sache, bis ich ihnen dann doch ein Schmunzeln entlocken konnte.

Ich werde erste einmal etwas von meinem Inneren Kind erzählen. Denn so können Sie das Ganze viel besser verstehen.

Und dann erzähle ich Ihnen, was das Ganze mit Produktivität und Selbstführung zu tun hat.

Mein Inneres Kind

Zuerst zu meinem Inneren Kind.

Mein Inneres Kind liebt es zu spielen. Es ist allem Neuen aufgeschlossen und macht wirklich bei jedem Unsinn mit. Dann lacht es vergnügt und hüpft herum.

Aber mein Inneres Kind ist auch sehr schnell gelangweilt. Dann nölt es herum und fragt dauernd: „Muss ich da jetzt weitermachen? Warum kann ich nicht lieber das andere neue Spiel spielen?"

Kennen Sie das an sich? Ja? Okay, dann haben wir es.

Und dieses Herumnölen bei längeren und manchmal auch langweiligen Arbeiten wie das Redigieren von Texten oder Routinearbeiten ist nun das Problem mit meinem Inneren Kind. Denn diese Aufgaben müssen ja auch erledigt werden und ich kann nicht zur nächsten spannenden Sache übergehen.

Ich habe das gerade bei einer Übersetzung von einem Buch. Ich bin fast fertig: nur noch 6 Zeichnungen von über 200 und 12 Listen von 60. Die 400 Seiten sind fast übersetzt.

Okay, ich weiß, dass da noch Einiges zu tun ist, das ich jetzt noch nicht sehe, aber ich stehe trotzdem kurz vor dem Ende.

Nun hatte ich eben einen kleinen Dialog mit meinem Inneren Kind. „Du? Wir könnten doch heute mal ganz etwas anderes machen und malen. – Vielleicht ein Tagebuchblatt über das Jahr 2018?!"

Oh, wie verlockend. Es zieht mich eh schon seit Wochen ins Atelier, aber es wäre auch schön, wenn das Buch fertig wäre.

Produktivität und Selbstführung

Und nun kommt die Produktivität und Selbstführung!

Aber wie verärgere ich nicht mein Inneres Kind, damit es nicht endgültig sprachlos oder enttäuscht ist?

Ich mache ihm einen Vorschlag: "Wie wäre es, wenn wir zuerst einmal diese 6 Zeichnungen fertig übersetzen – das ist ja nicht viel – und danach gehen wir ins Atelier und malen das Tagebuchblatt. Dann haben wir auch unendlich viel Zeit."

Das ist ein Kompromiss, mit dem es sich auch leben lässt und die Vorfreude auf die angenehme Arbeit motiviert mich, endlich mit dieser Aufgabe anzufangen.

Definition: Inneres Kind

Das Innere Kind gehört zu einer modellhaften Betrachtungsweise innerer Erlebniswelten, die durch Bücher von John Bradshaw, Erika Chopich, Margaret Paul bekannt wurden. Es bezeichnet und symbolisiert die im Gehirn gespeicherten Gefühle, Erinnerungen und Erfahrungen aus der eigenen Kindheit. /Wikipedia/

Ein mit persönlichen Erfahrungen gefüllter Rucksack

Aus früheren Erfahrungen, Glaubensmuster und Überzeugungen trägt jeder Mensch, egal wie alt er ist, ein Inneres Kind in sich, das mit seinem individuell gefüllten Rucksack an persönlichen Erfahrungen im Leben steht.

Das heißt, jedes Mal, wenn wir einem anderen Menschen begegnen, begegnen sich auch diese oftmals verletzten Kinder.

Natürlich gilt das auch für eine Partnerschaft. Dort begegnen sich oft auch noch die unbewältigten Beziehungen zu den Eltern.

Gruppe von Menschen

Folgende Fragen können Ihnen helfen, Ihre Beziehung zu diesem Thema kennen zu lernen:

- o Konnten Sie immer so sein, wie Sie waren und wurden Sie stets bedingungslos geliebt?

Wenn nein, was für ein Kind/Mensch müssen/mussten Sie für Ihre Mutter sein, um ihre Liebe und Anerkennung zu erhalten?

Machen Sie sich handschriftliche Notizen!

Schreiben Sie sich jetzt und in den nächsten Tagen alles auf, was Ihnen zu dieser Frage in den Sinn kommt!

- o Wenn nein, was für ein Kind/Mensch müssen/mussten Sie für Ihren Vater sein, um seine Liebe und Anerkennung zu erhalten?

Machen Sie sich handschriftliche Notizen!

Schreiben Sie sich jetzt und in den nächsten Tagen alles auf, was Ihnen zu dieser Frage in den Sinn kommt!

Weil das Kind abhängig von seinen Eltern ist, sorgt es dafür, dass es nicht abgelehnt wird und tut dementsprechend alles ihm Mögliche, um die Liebe seiner Eltern zu gewinnen.

Es schluckt und schluckt und schluckt, vergräbt alle Verletzungen möglichst tief in sich drin, berechnet, kalkuliert, manipuliert, mogelt und lügt, um irgendwie zu überleben. Und das trägt es auch noch als erwachsener Mensch mit sich herum. Und so geht das Chaos mit all den negativen innerfamiliären Verstrickungen immer weiter!

Ein Kind überlebt ohne Vater oder Mutter nicht

Ein Kind überlebt die Kindheit nicht, ohne dass es sich mit Vater und Mutter, oder mindestens mit einem der beiden zutiefst verbindet. Ein Kind will immer, dass es beiden Elternteilen gut geht, sie glücklich sind.

Ja, sehr oft fühlen sich die Kinder – in der Regel am häufigsten das älteste Kind – sogar verantwortlich dafür, seine Eltern glücklich zu machen!

Was für eine Überforderung! Nicht nur dann, wenn die Eltern getrennt sind!

Vielleicht machen Sie sich nun gleich einmal das Bild bewusst, das in Ihnen von Ihrer Mutter und Ihrem Vater in Ihrer eigenen Kindheit geprägt wurde?

Vielleicht war ihre Mutter immer zuhause und finanziell abhängig von Ihrem Vater und deshalb wollen Sie heute auf keinen Fall finanziell abhängig sein und stets Ihr eigenes Geld verdienen?

- o Was genau ist Ihre persönliche Prägung?
- o Wie sieht es aus mit Ihrem Bild von einer Frau und einem Mann?
- o Wie die ideale Mutter und der ideale Vater?
- o Sehen Sie die Zusammenhänge mit Ihrer Kindheit?
- o Wie ist Ihrer Meinung die ideale Frau und der ideale Mann?

Wie verhält sich Inneres Kind?

Das Innere Kind ist ein symbolischer Ausdruck für den Teil der Psyche, in dem die tieferen Empfindungen, die sogenannten Bauchgefühle sowie die persönliche Vergangenheit wohnen.

Es beeinflusst maßgeblich den Alltag, die Gefühle und das Wohlsein.

Beispielsweise sieht man in einem Schaufenster einen Gegenstand oder ein Spielzeug, das dem ähnelt, mit dem man selbst spielte. Da werden Kindheitserinnerungen geweckt und man sehnt sich zurück und fühlt sich plötzlich glücklich!

Vielleicht läuft es bei der Arbeit nicht rund und Sie tun sich schwer. Ihr Inneres Kind hat vielleicht keine Lust mehr, auch, weil es früher öfters zu etwas gezwungen wurde. Wenn Sie es jetzt beiseiteschieben: „Das muss aber fertig werden!", wird von Ihrem Inneren Kind abgewiesen.

Dieser Kontaktabbruch führt zu einem inneren Kampf und zu Energieverlust.

Die Situation erkennen

Besser wäre das Innere Kind für einen Moment zu respektieren, indem Sie sich kurz einfühlen. Die inneren Kräfte fließen wieder und Sie können Ihre Arbeit fortsetzen.

Auch in Beziehungsstreits mischt es mit. Wir denken ja häufig: „So ein kindisches Verhalten!" Schon alleine Dialoge wie diese lassen es erkennen:

„Wenn du dich so verhältst, dann mache ich das ebenso!"

„Wieso?"

„Du hast doch eben genau so ...!"

Wie ein wütendes, trotzendes Kind!

Wo Rauch ist, ist auch Feuer

Bei übergroßen Ängsten, nie enden wollendem Schmerz oder übergroßer Wut ist immer das Innere

Kind mit im Spiel. Es mischt vergangene Gefühlserfahrungen mit bei.

Wenn irgendeine Reaktion auf etwas ganz Alltägliches befremdlich wirkt, wird eine solche Überreaktion in irgendeiner biografischen Begebenheit ausgelöst worden sein. Natürlich spielt sich das meist in der unbewussten Ebene ab.

Aus dem Inneren Kind können Sie immer wieder Kraft, Kreativität und überfließende Lebensfreude schöpfen.

Nur, wer erwachsen wird und Kind bleibt, ist ein Mensch.
Erich Kästner

Denn die Abgeschnittenheit von der eigenen Lebendigkeit, vom Inneren Kind, ist bei den meisten Menschen leider die Regel. Dieses Abschneiden ist auch eine Ursache von Stress und längerfristig von Burnout.

10 Tipps zur Befreiung des Inneren Kindes

Du hast deine Kindheit vergessen, aus den Tiefen deiner Seele wirbt sie um dich. Sie wird dich so lange leiden machen, bis du sie erhörst.

Hermann Hesse

1. Die Kindheit wiederbeleben

Für einen Erstkontakt mit Ihrem Inneren Kind ist es hilfreich, wenn Sie sich an die schönen Dinge Ihrer Kindheit erinnern.

- o Was haben Sie als Kind gern getan? Was konnten Sie stundenlang tun, ohne sich zu langweilen?

Wenn Ihnen spontan nichts einfällt, lassen Sie die Fragen erstmal wirken und warten ab, welche Antworten in der nächsten Zeit über das Unterbewusstsein auftauchen.

Als Hilfestellung können Sie wichtige Bezugspersonen befragen oder sich alte Fotos ansehen.

Bild als Kind

Mit etwas Geduld werden Ihnen nach und nach wieder Dinge einfallen.

War es Malen, Tanzen, Springen, Singen, Handarbeiten, Handwerken, Toben, auf Bäume klettern, in Pfützen springen, Ball spielen, Basteln?

Was auch immer es ist, machen Sie wieder mehr davon. Überlegen Sie, wie Sie diesen Aktivitäten wieder mehr Raum in Ihrem Leben geben können. Was können Sie tun, um jeden Tag wenigstens ein bisschen das zu tun, das Ihrem Inneren Kind Freude bereitet?

Vielleicht gibt es auch noch ein Spielzeug, dass Ihnen früher sehr wichtig war, und vielleicht noch auf irgendeinem Dachboden herumliegt. Falls nicht, können Sie sich etwas Ähnliches kaufen. Beschäftigen Sie sich jeden Tag ein bisschen damit und nehmen Sie dabei Ihr Inneren Kind in sich wahr.

2. Träume/Geführte Meditationen zum Inneren Kind

Nach einiger Zeit taucht meist ein ganz bestimmtes Bild von Ihrem Inneren Kind auf, rein intuitiv aus Ihrem Unterbewusstsein. Ihr Inneres Kind sieht aus wie Sie in einem ganz bestimmten Alter. Sie nehmen ein genaues Bild Ihres Inneren Kindes wahr und erfahren, in welchem Gemütszustand es sich befindet.

Wenn Sie es lange Zeit vernachlässigt haben, wird es möglicherweise tieftraurig, wütend, verzweifelt, ängstlich oder einfach nur trotzig sein. Oft versteckt es sich auch, reagiert nicht oder wendet Ihrem Inneren Erwachsenen den Rücken zu.

Das habe ich erlebt: ein ziemlich trotziges Kind! :-)

Die verschiedenen Entwicklungsstufen Ihres Inneren Kindes können in den verschiedenen Altersstufen auftauchen, je nachdem, welches Thema gerade aktuell ist.

Zahlreiche geführte Meditationen finden Sie zum Beispiel auf YouTube. Es gibt verschiedene Meditationen für unterschiedliche Entwicklungsstufen des Inneren Kindes – zum Beispiel für den Säugling, das Kleinkind, das Vorschulkind, das Schulkind oder den Teenager.

3. Verbringen Sie Zeit mit Ihrem Inneren Kind

Ihr Inneres Kind braucht Ihre Zeit. Nicht viel, aber es muss wissen, dass Sie da sind und es nicht im Stich lassen.

Verbringen Sie jeden Tag etwas Zeit mit Ihrem Inneren Kind – in welcher Form auch immer.

Auch wenn es erst trotzig reagiert, seien Sie geduldig, bleiben Sie dran und geben Sie Ihrem Inneren Kind die Zeit, die es braucht, damit es Ihnen wieder vertrauen kann.

Reden Sie ihm gut zu und sagen Sätze wie:

- o Ich bin bei Dir und ich lasse Dich nie wieder allein.

- o Du bist gut, genauso wie Du bist.

- o   Es ist vollkommen in Ordnung, traurig / wütend / enttäuscht / verzweifelt etc. zu sein.

- o   Ich liebe Dich.

- o   Schenken Sie Ihrem Inneren Kind auch körperliche Zuwendung, wenn Sie spüren, dass
  es diese braucht und sich wünscht.

4. An das Innere Kind schreiben

Das Schreiben ist eine äußerst wirkungsvolle Methode, sich etwas, so auch dem Inneren Kind zu nä-
hern.

In einem Brief können Sie es wissen lassen, wie wun-
derbar, kostbar und einzigartig es ist, dass Sie froh
sind, es wiedergefunden zu haben und nun in Kontakt
mit ihm zu sein.

5. Zeigen Sie Ihrem Inneren Kind Ihre Welt

Nehmen Sie Ihr Inneres Kind bewusst in Ihre Erwach-
senenwelt. Zeigen Sie ihm, was Sie den ganzen Tag
lang so machen.

Achten Sie auf die Reaktionen Ihres Inneren Kindes
auf Ihre Welt bzw. Ihren Alltag? Was gefällt ihm? Was
mag es gar nicht?

Gibt es Ihnen Impulse? Wann immer möglich, folgen
Sie diesen Impulsen.

Das kann heute mal ein anderer Weg ins Büro sein und gerade Lust, mit dem Auto irgendwo herumzufahren und etwas auszukundschaften.

Eine Möglichkeit, Kontakt mit dem Kind in dir aufzunehmen, besteht, wie oben schon erwähnt, über das Schreiben.

Aber da gibt es noch mehr.

Visuell veranlagte Menschen können sich ihrem Inneren Erwachsenen bildlich vorstellen, wie sie dem Inneren Kind gegenübertreten und sich eine Begegnung bildlich vorstellen.

Ihr Innerer Erwachsener kann Ihrem Inneren Kind nun Fragen stellen, wie

- Was brauchst du gerade?
- Bist du wütend auf mich und / oder jemand anderen?
- Was macht dich so wütend / traurig / verzweifelt etc.?
- Wie fühlst du dich mit …? (einer bestimmten Person, einer bestimmten Sache)
- Was verursacht diese Gefühle in dir?
- Wie geht es dir mit dieser Arbeit an sich selbst?

Der Dialog mit Ihrem Inneren Kind ist ein wichtiger Zugang zum Unterbewusstsein. Hier können Sie sehr viel über sich, Ihre Vergangenheit und Ihre derzeitige Situation erfahren. Ihr Inneres Kind hat Ihnen sicher viel zu erzählen.

Sie können auch die ganz alltäglichen Wünsche Ihres Inneren Kindes in Erfahrung bringen und ihnen mehr Raum geben

- o Was möchtest du heute Abend essen?
- o Mit wem möchtest du deine Zeit verbringen?
- o Was würdest du heute gern anziehen?
- o Welchen Film möchtest du dir anschauen?
- o Was möchtest du am Wochenende machen?

Ein solcher Dialog mit Ihrem Inneren Kind ist nur möglich, wenn Sie sich Ihrem Inneren Kind bereits angenähert haben.

Auch durch das regelmäßige Sprechen mit Ihren Inneren Kind gewinnen Sie sein Vertrauen zurück.

7. Mit dem Inneren Kind kreativ sein

Kreativität ist ein großartiger Weg, um wieder in Kontakt mit Ihrem Inneren Kind zu kommen. Ihr Inneres Kind liebt es, kreativ zu sein.

Meist sind die Dinge, die Sie heute gern machen, auch Dinge, die du schon als Kind geliebt haben.

Was haben Sie als Kind gern getan?

Und dann machen Sie das. Es geht um den Spaß gemeinsam.

8. Über Gefühle Kontakt zum Inneren Kind aufnehmen

Das ist der intensivste, aber auch wirksamste Teil. :-)

Über intensive Gefühle, also die die schmerzhaftesten, furchtbarsten, quälendsten, kommen Sie am ehesten in Kontakt zu Ihrem Inneren Kind.

Aber das ist wahrscheinlich der Teil, den Sie wahrscheinlich fast bis zur Perfektion zu unterdrücken gelernt haben.

Diese Gefühle gehören dem zutiefst verletzten, allein gelassene Kind in Ihnen.

Sie sind der Urschmerz, den Sie, als Sie als du klein und verletzlich waren, wegen der Intensität dieser Gefühle nicht zulassen und nicht fühlen konnten.

Ein gesunder Selbstschutz-Mechanismus hat Sie von diesen intensiven Gefühlen abgeschnitten und bewahrt.

Doch diese Gefühle sind immer noch da und kommen immer wieder zum Vorschein.

Jetzt endlich sind Sie groß und stark genug, sie zu durchfühlen und endlich integrieren.

Wenn Sie das nächste Mal spüren, dass schmerzhafte, fürchterliche, vielleicht kaum erträgliche Gefühle in Ihnen aufkommen, entscheiden Sie sich, sie nicht zu unterdrücken, sondern sich für sie zu öffnen und sie zu durchfühlen.

Möglichkeit der Heilung

Das ist alles andere als leicht, aber leider die einzige Möglichkeit der Heilung!

Am besten lassen Sie sich mit professioneller Anleitung auf diese Gefühle ein. Und dabei fragen Sie sich

- o Wann habe ich dieses Gefühl zum ersten Mal gefühlt?

Schauen Sie sich dieses Bild genau an. Was sehen Sie? Wie alt sind Sie? Wo sind Sie? Was ist gerade passiert oder passiert gerade in diesem Augenblick? Wie sieht das Zimmer aus? Was haben Sie an? Wer ist noch im Raum?

Nehmen Sie so viel wie möglich wahr und betreten dann den Raum als die erwachsene Person, die Sie heute sind.

Gehen Sie zu Ihrem Kind-Ich und gegen ihm genau das, was es braucht. Was das ist, wissen Sie intuitiv.

Nehmen Sie es in den Arm, trösten Sie es, sagen ihm genau die Worte, die es hören muss.

Diese Integration wird bewirken, dass sich das unangenehme Gefühl in der Gegenwart auflöst. Eine große Erleichterung und Befreiung macht sich breit.

Wenn sich Ihr Inneres Kind beruhigt hat, fragen Sie es, was es jetzt machen will

Fragen Sie Ihr kindliches Ich auf jeden Fall, ob es ein Bad nehmen möchte. Falls ja, baden Sie es. Baden ist ein wichtiges Ritual mit reinigender Wirkung.

Dies ist eine verkürzte Version des „Completion Process" von Teal Swan. Der Prozess ist extrem wirkungs- und machtvoll. Wenn Sie mehr darüber wissen wollen, lesen Sie hier Den Schatten umarmen – Verletzungen der Seele heilen .

Falls Sie traumatische Erfahrungen gemacht haben, machen Sie diesen Prozess bitte nur mit professioneller Hilfe!

9. Aufmerksam zum Inneren Kind im Alltag sein

Kontakt zu Ihrem Inneren Kind können Sie immer aufnehmen.

Sie können auch allgemein bewusster Ihre Gefühle wahrnehmen und sich darüber mit Ihrem Inneren Kind verbinden.

Verbringen Sie <u>Zeit allein</u>, ohne sich mit Fernsehen, Internet oder Unternehmungen abzulenken.

Fühlen Sie öfter in sich hinein

- o Was fühlen Sie gerade?
- o Was will mir mein Inneres Kind gerade sagen?
- o Was braucht mein Inneres Kind gerade?

10. Fotomontage

Den gesamten Prozess können Sie unterstützen, indem Sie Ihr kindliches und Ihr erwachsenes Ich auf einer Fotomontage zusammenführen.

Schneiden Sie einfach ein aktuelles Foto von Ihnen aus und kleben Sie es auf ein Kinderfoto von Ihnen oder nutzen Sie dafür ein Programm wie Photoshop.

Stellen Sie das Foto dorthin, wo Sie es regelmäßig sehen.

Ein mächtiges „Tool", das Innere Kind

Wow, was für ein mächtiges „Tool" ist dieses Innere Kind!

Während ich diesen Artikel schrieb, habe ich mich auch noch einmal intensiv mit meinem Inneren Kind befasst.

Dabei gab es eine Menge Überraschungen. :-)

Es zieht mich am Ärmel und will mit mir hoch ins Atelier malen! „Nun komm schon!"

Ich habe mich schon früher damit befasst und habe jetzt kein nörgelndes Kleines an meiner Seite, aber ich habe erkannt, dass ich im Alltag aufpassen muss, es nicht zu verdrängen.

Wie geht es Ihnen damit? Welche Erfahrungen haben Sie gemacht? Oder kennen Sie Ihr Inneres Kind gar nicht mehr richtig? Na, dann aber los!

FEEDBACK

Danke für eine positive Bewertung

Wenn Ihnen das Buch gefallen hat, schicken Sie mir bitte eine positive Bewertung bei Amazon Kindle.

Anmerkungen, Fragen oder Kritik

Hier können Sie mir Ihre Anmerkungen, Fragen oder Kritik zum Buch „Mit Zeitmanagement zur Motivation, Produktivität & Struktur - Work Life Balance mit Zeitmanagement und Stress-Reduzierung - Teil 1 Motivation" schicken.

Im Google-Formular können Sie mir direkt schreiben und eine Strategie-Session können sie hier buchen.

Hier können Sie eine kostenlose Strategie-Session buchen oder schreiben Sie mir, wenn Ihnen dieses Buch gefällt und Sie Anregungen oder Fragen haben.

Hier finden Sie die kostenlosen Checklisten zum Zeitmanagement.

Hier finden Sie Bonusmaterial zum Thema oder besuchen Sie meinen Blog „Selbstführung & Produktivität". Sie helfen Ihnen, bessere Ergebnisse zu erzielen.

LITERATUR

Arden, Paul; Egal, was du denkst, denk das Gegen-
teil, Bastei Lübbe (Lübbe Ehrenwirth); Auflage: 5
(2011)

Berckhan, Barbara; Die etwas andere Art, sich durch-
zusetzen-Selbstbehauptungstraining für Frauen; dtv,
2003

Birkenbihl, Vera; Trotzdem lehren (MVG Verlag bei
Redline), Moderne Verlagsges. Mvg, 2013

Cameron, Julia; Von der Kunst des Schreibens und
der spielerischen Freude, Worte fließen zu lassen,
Droemer Knaur, (2003)

Covey, Stephen R. /Merrill, A. Roger /Merrill, Re-
becca R.; Der Weg zum Wesentlichen: Zeitmanagement der vierten Generation, Campus Verlag, Frankfurt /M., New York, 2014

Covey, Stephen R. /Merrill, A. Roger /Merrill, Re-
becca R; First Things First, Fireside by Simon &
Schuster, New York, 1995

Csikszentmihalyi, Mihaly; Kreativität: Wie Sie das Un-
mögliche schaffen und Ihre Grenzen überwinden,
Klett-Cotta, 2015

Dörner, Dietrich; Die Logik des Mißlingens-Strategi-
sches Denken in komplexen Situationen, rororo, 2015

Dulabaum, Nina L.; Mediation: das ABC, die Kunst, in Konflikten erfolgreich zu vermitteln, Weinheim, 4. neu ausgestattete Auflage, 2009

Ernst, Heiko; Können wir unserem Bauchgefühl vertrauen?, Psychologie heute, 03/2003, S.20 ff

Eyer, Eckhard (Hrsg.); Report Wirtschaftsmediation, Krisen meistern durch professionelles Konflikt-Management, Düsseldorf, 2004

Francis C.; Young D.; Tuckman & Jensen, 1977

Gelb, M. J.; Das Leonardo-Prinzip, Econ Tb, 2001

Glasl, Friedrich; Konfliktmanagement, ein Handbuch für Führungskräfte, Beraterinnen und Berater, Bern, 7. Auflage, 2002

Goldberg, Natalie; Schreiben in Cafés, Natalie Goldberg, Autorenhaus, Auflage: 2. Auflage, 2009

Hofstetter, H.; Der Faktor Mensch im Projekt, In: Schelle, H., Reschke, H., Schnopp, R., Schub A. (Hrsg.): Loseblattsammlung "Projekte erfolgreich managen", Veröffentlichungen des Verbands Deutscher Maschinen-und Anlagenbau e. V., Köln, 1998

Kotter, John; Rathgeber, Holger; Stadler, Harald; Das Pinguin Prinzip-Wie Veränderung zum Erfolg führt-, Droemer, 2011

Küstenmacher, Werner Tiki; Simplify your life-einfacher und glücklicher Leben-; Knaur TB, 2011

Lohmann, Friedrich; Konflikte lösen mit NLP, Techniken für Schlichungs-und Vermittlungsgespräche, Paarberatung und Mediation, nach Virginia Satir, John Grinder und Thies Stahl, Paderborn, 2003

Lundin e. a.; Fish-Ein ungewöhnliches Motivationsbuch-; Ueberreuther Wirtschaft; 2015

Massow, Martin; Gute Arbeit braucht Zeit-Entdeckung der kreativen Langsamkeit; Heyne, 1999

Meise, Sylvie; Hör doch mal zu!, Psychologie heute, 07/2003, S.46 ff

Modler, Peter; Das Arroganz-Prinzip: So haben Frauen mehr Erfolg im Beruf, Krüger, Frankfurt, 2012

Motamedi, Susanne; Körpersprache – schwere Sprache, Psychologie heute, 10/1996, S.52 ff

Mühlisch, Sabine; Das Prinzip KörperSprache im Unternehmen: Inspirationen für eine lebendige Arbeitsgestaltung, Junfermann, 2014

Naumann, Frank; Diplomatie: Der sanfte Weg zum Sieg, Psychologie heute, 11/2003, S 64 ff

Nöllke, Matthias; Schlagfertigkeit; Haufe; 2015

Pantalon, M.V.; Nicht warten- Starten – Das 7-Minuten-Programm zur Motivation, dtv premium, 2012

Rahn-Huber, Ulla; Der Vampir neben dir; Kreuz, 2002

Schmidt-Tanger, Martina; Kreische, Jörn; NLP-Modelle-Fluff & Facts, VAK Verlag für angewandte Kinesiologie GmbH, Freiburg im Breisgau, 2005

Schulz von Thun, Friedemann; Miteinander reden, rororo Rowohlt-Verlag, Reinbek bei Hamburg, 2010

Schwarz, Gerhard; Konfliktmanagement, Konflikte erkennen, analysieren, lösen, Wiesbaden, 2013

Seiwert, Lothar J.; Das 1 x 1 des Zeitmanagements, Knaur Ratgeber, 2014

Seiwert, Lothar J.; Wenn Du es eilig hast, gehe langsam, campus, 2012

Wazlawick, Paul; Anleitung zum Unglücklichsein, Piper, 2009

Weidner, Christopher A.; Feng Shui gegen das Chaos auf dem Schreibtisch, rororo, 2004

Wolf, Axel; Macht: Wer dominiert wen? Psychologie heute, 01/1999, S 20 ff

Young; A Technique for Producing Ideas, Mcgraw-Hill Professional, 2003

Anhang: Liste der Fremdwörter

Activecampaign	Email & Marketing Automation
Akronym	Abkürzung aus Anfangsbuch-staben
Analyse	Untersuchung
Argument	Beweisgrund
Aspekt	Blickwinkel
Astronomie	Wissenschaft von den Gestir-nen
Budget	Gegenüberstellung von Einnah-men und Ausgaben
Burnout cher Krisen	Oberbegriff für Typen persönli-
Business Coaching berufliche	prozessorientierte Beratung für Themen
Camtasia	Video-Editor
Chaos	völliges Durcheinander
Check	Prüfung
Checkliste	Kontrollliste

Coachee	Person, die ein Coaching in Anspruch nimmt
Commitment	Selbstverpflichtung
Deadline	Stichtag
Deal	Angebot
Definition	Abgrenzung
Demotivation	Entmutigung
Design Thinking	Ansatz, der zum Lösen von Problemen und zur Entwicklung neuer Ideen
Dialog	Gespräch zwischen Personen
Double OptIn	Zustimmungsverfahren in zwei Schritten
DSGVO	Datenschutz-Grundverordnung
Dynamik	Einfluss der Kräfte auf Bewegungsabläufe
Eat the frog first	Unangenehmes sofort erledigen
Existenz	Vorhandensein
Feedback	Rückmeldung

FORDEC	Akronym zur strukturierten Ent-scheidungs-findung
Identifikation sich handelt	Feststellung, um wen/was es
Implementierung ständigen	Anwende, ausführen, vervoll-
Impuls	Stoß
Initialzündung Stoffs	Zündung eines entzündlichen
Integration	Einbeziehung, Eingliederung
Intensität	Energiedichte
Kompetenz	Sachverstand
Kompromiss	Einigung durch Zugeständnisse
Launch	Produkt starten
Learning	Lernen
Liquidität	flüssige Mittel wie Bargeld
Modifikation	Abwandlung
Multitasking rerer	gleichzeitiges Verrichten meh-
	Tätigkeiten
Newbee	Neuling
Open-End	offenes Ende

Option	Wahlmöglichkeit
Outro-Trailer	Abschluss-Sequenz eines Videos
Priorisierung	Prioritätensetzung
Priorität	Vorrangigkeit
Produktivität	Hervorbringen von Produkten
Prokrastination	Aufschieben von anstehenden Aufgaben
Push-Nachricht	Benachrichtigungen auf Startbildschirm
Recherche	(Nach-)Forschung
Ressource	Mittel, die zur Verfügung stehen
Skillcheck	Fähigkeitsprüfung
Social Media Kanäle	digitale Medien und Methoden
Szenario	szenisch gegliederter Entwurf einer Handlung
Vehemenz	Ungestüm, Heftigkeit
Vision	Erscheinung, Vorstellung
Whitespace	Weißraum mit Freistellen zum Ausfüllen

Wordpress Open-Source-Software, mit der
Sie eine

Website erstellen können

Work Life Balance Zustand, in dem Arbeits- und
Privatleben

miteinander in Einklang stehen

ANHANG: LISTE DER LINKS

Allgemein

Kostenlose Strategie-Session http://bit.ly/2FBysxb

Kontakt https://www.kisp.de/kontakt

Bonusmaterial https://onlinekurse.kisp.de/ob-buecherboni/

Blog „Selbstführung & Produktivität" https://www.kisp.de/blog

Facebook-Gruppe „Produktivität & Selbstführung" https://www.face-book.com/groups/1549304758441242/

Google-Formular https://forms.gle/CEg47zUBRakZU6Ju7

Bonusmaterial zum Buch http://bit.ly/2UYKYMs

Kapitel 2

Marit Alke https://www.marit-alke.de/

Design Thinking https://www.nngroup.com/arti-cles/design-thinking-team-building/

Routinen https://www.kisp.de/routinen-rituale/

Wikipedia https://de.wikipedia.org/wiki/Routine

Warum-Kraft https://www.kisp.de/werte-ziele/

Jessica Hirsche http://jessicahische.is/

Not-To-Do-Liste http://bit.ly/2HDKk3J

Schlafen werden wir später https://www.amazon.de/Schlafen-werden-wir-sp%C3%A4ter-Roman/product-reviews/3596198313/ref=cm_cr_dp_d_srvw_btm?ie=UTF8&reviewerType=all_reviews&sortBy=recent#R2NC9MT1DTSFB4

Annette von Droste-Hülshoff https://en.wikipedia.org/wiki/Annette_von_Droste-H%C3%BClshoff

Kapitel 3

Online-Kurs „Der Weg zum produktiven Ich – 12 Bausteine für Ihre Produktivität" http://bit.ly/2UdE3By

http://xn--allestrungen-9ib.de/

Noguchi-System https://disziplean.de/noguchi-ablage-selbst-sortiert/

60/60/30-Methode https://www.kisp.de/ihre-zeit-ist-kostbar-pomodoro-versus-606030/

Stressreport der Bundesanstalt für Arbeitsschutz und Arbeitsmedizin (Baua) https://www.baua.de/DE/Angebote/Publikationen/Berichte/Gd68.html

Multitasking https://www.kisp.de/stoppt-das-multitasking/

Tipps, die sonst noch gegen Ablenkungen https://www.kisp.de/prokrastination-ueberwinden/

Zeitraum https://www.kisp.de/ihre-zeit-ist-kostbar-pomodoro-versus-606030/

Prioritäten https://www.kisp.de/4-regeln-prioritaeten/

Primzahl https://de.wikipedia.org/wiki/Primzahl

Generation Y https://www.welt.de/icon/article133276638/Warum-die-Generation-Y-so-unglueck-lich-ist.html

Kapitel 4

Produktivität und Selbstführung
https://www.kisp.de/glueck-produktivitaet-erfolg/

John Bradshaw https://www.amazon.de/John-Brad-shaw/e/B000AP7IVY/ref=dp_byline_cont_book_1

Erika Chopich https://www.amazon.de/Auss%C3%B6hnung-mit-dem-inneren-Kind/dp/3548357318/ref=sr_1_1?s=books&ie=UTF8&qid=1547553424&sr=1-1&keywords=erika+Chopich

Margaret Paul https://www.amazon.de/Auss%C3%B6hnung-mit-dem-inneren-Kind/dp/3548357318/ref=sr_1_2?s=books&ie=UTF8&qid=1547553541&sr=1-2&keywords=Margaret+Paul

YouTube https://www.youtube.com/re-sults?search_query=inneres+kind+meditation

Ritual https://www.kisp.de/routinen-rituale/

Teal Swan https://www.amazon.de/Den-Schatten-umarmen-Verletzungen-heilen/dp/3867283133/ref=sr_1_1?s=books&ie=UTF8&qid=1547553956&sr=1-1&keywords=teal+swan

Den Schatten umarmen – Verletzungen der Seele heilen https://www.amazon.de/gp/offer-listing/3867283133/ref=as_li_tl?ie=UTF8&camp=1638&creative=6742&creativeASIN=3867283133&linkCode=am2&tag=roadheart-21&linkId=d061e5adb2f1a1e90cfa08ddac0118ae

Zeit allein https://www.kisp.de/alleinsein-effekte/

Über die Autorin

Prof. Dr. Annette Kunow unterstützt seit mehreren Jahrzehnten Menschen darin, sich selbst besser zu führen und zu strukturieren.

Darüber hinaus begleitet sie Unternehmen, die mehr Effizienz in ihr Zeit- und Projektmanagement bringen wollen.

Nicht zuletzt steht sie Startups im Bereich Engineering als Science Angel zur Verfügung.

Dinge konsequent voranzubringen ist ihre Leidenschaft.

Annette Kunow ist Autorin mehrerer Bücher in Business Coaching, Projektmanagement und Engineering.

SACHWÖRTERVERZEICHNIS

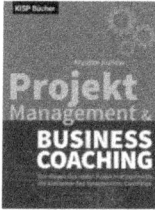

Projektmanagement und Business Coaching

Grundlagen des agilen Projektmanagements mit Methoden des Systemischen Coachings

Projektkompetenz ist heute die Kernkompetenz für jeden Berufstätigen. Ohne die Strukturierung durch das Projektmanagement sind Abläufe in Unternehmen nicht mehr zu bewältigen.

Was Sie in diesem Buch lernen werden

- Strukturierte Pläne
- Optimale Nutzung der Ressourcen
- Klar bewertbare Projektziele
- Angepasste Informationssysteme
- Führung des Teams
- Strategische Projektziele

Bonusmaterial zum Buch

Wenn Sie sich auf der folgenden Seite eintragen, erhalten Sie Bonusmaterialien zum Buch: http://bit.ly/2FL7Rxu

Project Management and Business Coaching

Basics of Agile Project Management With Methods of Systemic Coaching

Project competence is today the core competence for every professional. Without structuring through project management, processes in companies can no longer be mastered.

What You Will Learn in this Book

- Structured plans
- Optimal use of resources
- Clearly assessable project objectives
- Adapted information systems
- Leadership of the team
- Strategic project goals

Bonus Material for the Book

If you sign up on the following page, you will receive bonus materials for the book: http://bit.ly/2FL7Rxu

www.ingramcontent.com/pod-product-compliance
Lightning Source LLC
Chambersburg PA
CBHW022041190326
41520CB00008B/668